www.ingramcontent.com/pod-product-compliance
Lightning Source LLC
LaVergne TN
LVHW010836051026
849532LV00007B/2726
9789369088980

تنقیدی زاویے

(حصہ دوم)

(ابوالمحاسن ڈاٹ کام ویب سائٹ سے منتخب مضامین)

مرتب:

غالب شمس قاسمی

Tanqeedi Zaaviye – Part:2 *(Literary Essays)*
by: Ghalib Shams Qasmi
Edition: March '2025
Publisher :
Taemeer Publications LLC (Michigan, USA / Hyderabad, India)

ISBN 978-93-6908-898-0

کتاب	:	**تنقیدی زاویے (حصہ:2)**
جمع وترتیب	:	**غالب شمس قاسمی**
صنف	:	تحقیق و تنقید
ناشر	:	تعمیر پبلی کیشنز (حیدرآباد، انڈیا)
سالِ اشاعت	:	۲۰۲۵ء
صفحات	:	۹۸
سرورق ڈیزائن	:	تعمیر ویب ڈیزائن

فہرست

مولانا ابوالکلام قاسمی شمسی کی تفسیر تسہیل القرآن: ایک تقابلی مطالعہ

مولانا ڈاکٹر محمد عالم قاسمی

بہار کی مشہور علمی شخصیت ڈاکٹر مولانا ابوالکلام قاسمی شمسی سابق پرنسپل مدرسہ اسلامیہ شمس الہدیٰ پٹنہ کئی اہم اداروں سے منسلک ہیں، گوناگوں صلاحیت کے حامل، سنجیدہ مزاج، معاملہ فہم، صاحب بصیرت، باکمال، باصلاحیت عظیم قلمکار عالم دین ہیں۔ آپ کے قلم گہربار سے کئی اہم تحقیق معلوماتی کتابیں منصہ شہود پر رونما ہوئی ہیں بعض کتابیں مراجع کی حیثیت رکھتی ہیں جیسے تین جلدوں میں "تذکرہ علماء بہار" بہار کی اردو شاعری میں علماء کرام کا حصہ "تحریک آزادی ہند میں علماء کرام کا حصہ" اور قدیم اردو زبان کی تاریخ اور پیش نظر نہایت وقیع علمی کارنامہ تفسیر تسہیل القرآن" آپ کی یہ فاضلانہ تصنیف جدید اسلوب میں عصری تقاضے کے تحت مختصر ایک جلدمیں نہایت معتبر اور جامع تفسیر ہے۔

اس کا ترجمہ بھی بہت سلیس ہے اور اگر صرف ترجمہ بھی پڑھا جائے تو باہم مربوط نظر آتے ہیں، عام فہم بنانے کی کوشش کی گئی ہے تا کہ عام لوگوں کے استفادہ آسان ہو اور یہ چیز اس کے نام ہی سے ظاہر ہے تسہیل کے معنی ہیں آسان بنانا ہر صفحہ میں عربی

عبارت کے سہہ جانب حاشیہ میں تفسیر لکھی گئی ہے۔ جو بغیر نمبرنگ کے آیت کے پہلے عربی لفظ کے اشارے سے اس کی تفسیر و تشریح کی گئی ہے۔ جس میں اس بات کی رعایت کی گئی ہے کہ کسی آیت کی تشریح دوسری آیت سے ہوتی ہے تو اس کا حوالہ بھی درج ہے۔ اور حدیث کی معتبر کتابوں کا بھی حوالہ پیش کیا گیا ہے۔ مشغولیت کے دور میں کم وقت میں مقصود الٰہی اور احکام الٰہی کو جاننا ہو اور کتاب ہدایت سے ہدایت مطلوب ہو تو یہ مختصر تفسیر ایک ہی جلد میں نہایت مفید ہے جس سے ہر شخص بخوبی استفادہ کر سکتا ہے۔ فنی موشگافیوں اور فلسفیانہ نقطہ نظر سے گریز کرتے ہوئے مفہوم اور مقصود کو پیش نظر رکھا گیا ہے۔ سلاست اور حلاوت کے باعث مطالعہ پر مہمیز عطا کرتی ہے۔ اور اطمینان بھی فراہم کرتی ہے کہ ایک مستند معتبر عالم دین کے قلم سے تحریر کی گئی ہے۔ جس میں علمی کمال، ماہرانہ صلاحیت ایمان ویقین کی پختگی، استصواب رائے اور فکر و نظر کی گہرائی و گیرائی نظر آتی ہے۔

بطور نمونہ ملاحظہ ہو!

ا۔ وھدینٰہ النجدین۔ (البلد:۱۰) لغت میں نجد کے معنی سخت اونچی زمین اور کھائی کے آتے ہیں۔ اس کا ترجمہ حضرت شیخ الہند نے کیا ہے۔ اور دکھلا دیں اسکو دو گھاٹیاں۔

مولانا احمد رضا خان نے لکھا ہے اور اسے دو ابھری چیزوں کی راہ بتائی۔ جبکہ مولانا ابوالکلام قاسمی نے مفہوم آمیز ترجمہ یہ کیا ہے: اور دونوں راستے اسے نہیں دکھا دیئے؟ اس میں دونوں معنیٰ کی رعایت ہو جاتی ہے۔

۲۔ وتبتل الیہ تبتیلا (المزمل:۸) تبتیلا کے معنی تجرید، مجرد ہونا، انقطاع اور تضرع کے آتے ہیں، اسکا ترجمہ حضرت شیخ الہند نے لکھا ہے، اور چھوٹ کے چلا آ اس کی طرف سب سے الگ ہو کر۔

مولانا احمد رضا خان نے لکھا ہے: اور سب سے ٹوٹ کر اسی کے ہو رہو۔

حضرت تھانوی نے لکھا ہے: اور سب سے قطع کر کے اسی کی طرف متوجہ رہو۔

مولانا مودودی نے لکھا ہے: اور سب سے کٹ اسی کے ہو رہو۔

جبکہ مولانا ابوالکلام قاسمی نے مفہوم آمیز یہ ترجمہ کیا کہ: اور سب سے الگ ہو کر پورے کے پورے اسی کے ہو رہو۔

۳۔ قال عفریت من الجن (النمل:۳۹) عفریت کے کئی معنی ہیں، مکار، خبیث، چالاک، شیطان اور طاقتور کے۔

قرآن کی مذکورہ آیت کریمہ میں حضرت سلیمانؑ کی تابعداری میں ایک جن بولا یہاں اس کی شرارت یا خباثت کا معنی مناسب نہیں چونکہ وہ نبی کی حکم آوری کر رہا ہے۔

اس کا ترجمہ حضرت شیخ الہند نے لکھا ہے: بولا ایک دیو جنوں میں سے

مولانا احمد رضا خان نے لکھا ہے: ایک بڑا خبیث جن بولا

جبکہ مولانا ابوالکلام قاسمی نے لکھا ہے: جنوں میں ایک قوی ہیکل جن نے کہا اور زیادہ تر مفسرین نے بھی عفریت کا ترجمہ یہاں طاقتور اور قوی ہیکل ہی کیا ہے۔

۴۔ ولکن رسول اللہ وخاتم النبین (الاحزاب:۴۰) خاتم کے معنی انگوٹھی، مہر، نشان، علامت کے ہیں۔ اس کا ترجمہ حضرت شیخ الہند نے کیا ہے: لیکن رسول ہے اللہ کا اور مہر سب نبیوں پر

حضرت تھانوی نے لکھا ہے: لیکن اللہ کے رسول ہیں سب نبیوں کے ختم پر ہیں۔

مولانا احمد رضا خان نے لکھا ہے: ہاں اللہ کے رسول ہیں اور سب نبیوں کے پچھلے

جبکہ مولانا ابوالکلام قاسمی نے مفہوم آمیز یہ لکھا ہے: مگر وہ اللہ کے رسول اور سب سے آخری نبی ہیں۔ قارئین خود اندازہ لگا سکتے ہیں کہ کونسا لفظ یہاں مناسب ہے۔

۵۔ الرحمن، علم القرآن ،خلق الانسان، علمہ البیان (الرحمن:۴) یہاں بیان کے معنی ہیں مافی الضمیر ادا کرنا مطلب ظاہر کرنا، کہنے کا سلیقہ، قول، مفہوم وغیرہ۔

اس کا ترجمہ حضرت شیخ الہند نے کیا ہے: رحمن نے سکھایا قرآن ، بنایا آدمی پھر سکھلایا اسکو بات کرنا،

حضرت تھانوی نے لکھا ہے: رحمن نے قرآن کی تعلیم دی، اس نے انسان کو پیدا کیا پھر اس کو گویائی سکھائی

مولانا مودودی نے لکھا ہے: نہایت مہربان خدا نے اس قرآن کی تعلیم دی ہے اسی نے انسان کو پیدا کیا اور اسے بولنا سکھایا۔

مولانا احمد رضا خان نے معنی کو محدود کرتے ہوئے لکھا ہے: رحمن نے اپنے محبوب کو قرآن سکھایا، انسانیت کی جان محمدؐ کو پیدا کیا ماکان ومایکون کا بیان انہیں سکھایا۔

حالانکہ انسان میں تمام انبیاء ودیگر داخل ہیں مگر انہوں نے ایک خاص زاویہ میں معنی کو پیش کر دیا ہے۔ اس کا ترجمہ مولانا ابوالکلام قاسمی نے مفہوم آمیز اس طرح کیا ہے:

وہی رحمن ہے، جس نے قرآن کی تعلیم دی، اسی نے انسان کو پیدا کیا اور اپنے دل کی بات کو واضح طور پر پیش کرنا سکھایا۔

ترجمہ کے مذکورہ چند مثالوں کے بعد یہ اندازہ لگایا جا سکتا ہے کہ ترجمہ صرف یہی نہیں ہے کہ لغت کی مدد سے ایک زبان کو دوسری زبان میں منتقل کر دیا جائے بلکہ ایک ہی لفظ کے کئی معنی ہوتے ہیں اور کب کس موقع پر کونسا مفہوم لیا جا سکتا ہے اس کیلئے ماہرانہ صلاحیت کے علاوہ کئی اہم اصول کو پیش نظر رکھنا ضروری ہے۔ اور کئی دوسرے علوم سے بھی واقفیت لازمی ہے۔ اور خاص کر عربی جیسی فصیح وبلیغ زبان کو دوسری زبان

میں منتقل کرنا کوئی آسان کام نہیں ہے۔ اوراس میں بھی یہ کہ اردوزبان کا اسلوب نصف صدی میں بدل جاتا ہے، الفاظ اور لہجہ بھی متروک ہو جاتا ہے۔ اس لئے اردو زبان میں ترجمہ قرآن کی کثرت ہے کیونکہ کچھ دنوں بعد نئے قالب میں بدلنے کی ضرورت محسوس ہوتی ہے۔ صرف اردوزبان میں قرآن کریم کے میری معلومات کے مطابق ۱۲۰ سے زائد ترجمے ہو چکے ہیں اور مزید سلسلہ جاری ہے۔ مولانا ابو الکلام قاسمی کا یہ ترجمہ جدید اسلوب میں ایک وقیع اضافہ ہے اوراہم علمی کارنامہ ہے۔

ترجمہ کے بعد تفسیری نقطہ نظر سے بات کی جائے تو سبھی لوگ اس سے واقف ہیں کہ قرآن کریم علوم و معارف کا خزانہ ہے اسے سمجھنے کیلئے جس علم کی ضرورت ہوتی ہے اسے علم تفسیر کہتے ہیں۔ علم تفسیر میں کئی علوم کی ضرورت پڑتی ہے عربی زبان وادب سے واقفیت کے ساتھ آیت کی تشریح کے لئے علم حدیث اقوال صحابہ اور کئی اصول کی رعایت کرنی پڑتی ہے قرآن کریم میں کہیں اجمال تو کہیں تفصیل ہے گویا بسا اوقات ایک آیت کی تشریح دوسری آیت سے ہوتی ہے اس لئے کسی آیت کی تشریح میں دیگر آیتوں پر بھی نگاہ ہو، اسی طرح آیت کریمہ کی عملی تشریح حدیث پاک اور سنت رسولؐ میں ملتی ہے اس لئے حدیث سے کماحقہ واقفیت ضروری ہے، بہت سی آیت کریمہ کو سمجھنے میں شان نزول سے بہت آسانی ہو جاتی ہے شان نزول گرچہ خاص ہوتا ہے مگر حکم عام ہوتا ہے اوراس سے ایک اصول واضح ہوتا ہے چونکہ قرآن کریم "ھدی للمتقین" (متقیوں کیلئے کتاب ہدایت ہے) کے ساتھ "ھدی للناس" (عام انسانوں کیلئے بھی کتاب ہدایت ہے) اس میں قانون حیات ہے دستور زندگی ہے اس سے بہت سے مسائل کا استنباط ہوتا ہے ساتھ ہی ناسخ و منسوخ کا علم ہونا بھی ضروری ہے۔ اللہ تعالیٰ نے قرآن کریم میں وضاحت فرمائی کہ ہم نے اسکو نازل کیا ہے آپ لوگوں کو نازل کردہ کلام

کی تفسیر فرمادیں(النحل:۴۴) گویا قرآن کریم کا مفہوم و مطلوب اور تفسیر وہی معتبر ہے جو رسول اللہ صلی اللہ علیہ وسلم نے فرمائی ہے۔

اس اعتبار سے مولانا ابوالکلام قاسمی کی تفسیر میں دیکھتے ہیں کہ اس بات کا التزام کیا گیا ہے کہ ایک آیت کی تشریح میں اس سے متعلق دوسری آیت کریمہ کی نشاندہی ہے ساتھ ہی حدیث کی معتبر کتابوں کا حوالہ بھی بکثرت ملتا ہے۔ ہدایت کے مفہوم کو پیش نظر رکھتے ہوئے دیگر معلومات بھی فراہم کرتے ہیں جس سے اطمینان بخش تشریح ہو جاتی ہے۔ بطور مثال چند نمونہ ملاحظہ ہو:

ا۔ ان الانسان خلق ھلوعا(المعارج:۱۹)ھلوعا کے معنی بے قرار، بے ثبات، ڈرپوک، بزدل وغیرہ کے ہیں اس کا ترجمہ مولانا قاسمی نے بے صبرا سے کیا ہے۔(بے شک انسان بڑا بے صبرا پیدا کیا گیا ہے) اوراس کی تفسیر کرتے ہوئے لکھا ہے کہ انسان میں پیدائشی طور پر کمزوری رکھی گئی ہے وہ پیدائشی طور پر بے صبرا ہے جب اسے تکلیف پہنچتی ہے تو وہ گھبرا جاتا ہے اورآہ وزاری کرنے لگتا ہے اور جب اللہ اسے مال و دولت سے نوازتا ہے اور وہ خوشحال ہو جاتا ہے تو وہ بخیلی کرنے لگتا ہے اور حقداروں کو اس کا حق نہیں دیتا ہے۔ حضرت صہیبؓ بیان کرتے ہیں کہ رسول اللہ صلی اللہ علیہ وسلم نے فرمایا: مومن کا معاملہ بھی بڑا عجیب ہے کہ اس کے ہر معاملہ میں اس کیلئے خیر ہی خیر ہے اور یہ فضیلت سوائے مومن کے کسی اور کو حاصل نہیں، وہ اس طرح کہ اگر اسے کوئی خوشی پہنچتی ہے تو شکر ادا کرتا ہے، وہ اس کیلئے باعث خیر ہے اوراگر کوئی تکلیف پہنچتی ہے اوراس پر وہ صبر کرتا ہے تو وہ بھی اس کیلئے باعث خیر ہے۔

رسول اللہ صلی اللہ علیہ وسلم نے فرمایا: جو شخص کسی کے سامنے ہاتھ پھیلانے سے بچے تو اللہ تعالیٰ اسے صابر بنادیگا۔ اور کسی کو بھی صبر سے زیادہ بہتر اور اس سے زیادہ بے

انتہا خیر نہیں ملی ہے۔(بخاری: کتاب الزکوٰۃ)(تفسیر تسہیل القرآن:۶۸۲)

یہی روایت مسلم کتاب الزہد کے حوالہ سے مولانا نے صفحہ ۵۸۱ میں تحریر کیا ہے۔ بہر حال اس سے واضح ہوتا ہے کہ مفہوم ہدایت کے پیش نظر سہل انداز میں اس کی تشریح فرمادی ہے۔

۲۔انا عرضنا الامانہ علی السموت والارض والجبال (الاحزاب:۷۲)

اس کی تفسیر کرتے ہوئے تحریر کیا ہے کہ اللہ تعالیٰ نے کہا کہ ہم نے اس امانت کو آسمانوں اور زمین اور پہاڑوں پر پیش کیا تو انہوں نے اسکو اٹھانے سے انکار کر دیا اور وہ اس سے ڈر گئے ، مگر انسان اسے اٹھالیا، یہاں امانت سے کیا مراد ہے؟ اس سلسلے میں مفسرین کی مختلف رائیں ہیں، بعض نے کہاہے کہ امانت کا مطلب ہے۔ اپنی آزاد مرضی سے اللہ کے احکام کی اطاعت کی ذمہ داری قبول کرنا، یعنی کائنات میں بہت سے احکام ایسے ہیں جو تکوینی ہیں، جنہیں ماننے پر تمام مجبور ہیں، وہ اس کی خلاف ورزی نہیں کرسکتے، جیسے موت وحیات وغیرہ، لیکن بعض احکام کے سلسلے میں اللہ تعالیٰ نے انسانوں کو اختیار دیا کہ اگر وہ چاہیں تو اللہ کے حکم کو مان کر اس پر عمل کریں اور اگر چاہیں تو حکم پر عمل نہ کریں، اگروہ عمل کریں گے تو جنت میں داخل کئے جائیں گے ،جب یہ پیشکش آسمانوں اور زمین اور پہاڑوں کو کی گئی تو وہ یہ ذمہ داری اٹھانے سے ڈر گئے اور اسکو قبول کرنے سے انکار کر دیا، لیکن جب انسان کے سامنے یہ پیشکش کی گئی تو اس نے اس ذمہ داری کو قبول کرلیا۔ بعض نے کہاہے کہ "امانت" سے مراد خلافت ہے، جو انسان کو زمین میں عطا کی گئی ہے۔ خلافت کے مفہوم میں رائے اول میں مذکورہ بالا باتیں شامل ہیں۔ اس لئے دونوں ایک دوسرے کے تتمہ ہیں۔ انہ کان ظلوما جھولا: حقیقت میں وہ بڑا ظالم اور نادان ہے، یعنی انسان بڑا ہی ظالم اور بڑا ہی جاہل ہے کہ اس نے امانت کے بوجھ کو اٹھا

لیا، ظالم تو اس لحاظ سے ہے کہ تمام مخلوقات میں سب سے بلند منصب پر فائز ہونے کی خواہش کی وجہ سے اس نے ذمہ داری کو قبول کر لیا، مگر دنیا میں آکر وہ اس کی رنگینیوں میں اس قدر غرق ہو گیا کہ اسے خیال بھی نہیں رہا کہ اس نے کتنی بڑی ذمہ داری قبول کر لی ہے۔ اس طرح وہ اس میں خیانت کا مرتکب ہوا، اور جاہل اس لحاظ سے ہے کہ اس نے یہ تو سوچا کہ اس کو تمام مخلوقات پر بڑا اعزاز حاصل ہو، مگر اس اعزاز کی ذمہ داریوں کا اندازہ لگانے سے قاصر رہا، اس اعتبار سے وہ جاہل ہے۔

(تسہیل القرآن، صفحہ:۵۰۸)

مولانا مودودی نے یہاں امانت سے مراد خلافت لیا ہے۔ تحریر فرماتے ہیں کہ: اس جگہ امانت سے مراد وہی خلافت ہے جو قرآن مجید کی رو سے انسان کو زمین میں عطا کی گئی ہے۔ (تفہیم القرآن:۶۶۹) مولانا محمد جوناگڑھی کا ترجمہ اور حواشی مولانا صلاح الدین یوسف جس کو سعودی عرب نے شائع کیا ہے اس میں تحریر ہے!

"امانت سے وہ احکام شرعیہ اور فرائض وواجبات مراد ہیں" (صفحہ:۱۱۹۵)

اس طرح تمام پہلوؤں پر نظر رکھتے ہوئے مولانا قاسمی کی تفسیر اطمینان بخش ہے۔

۳۔ والسماء ذات البروج (پارہ:۳۰) یہاں بروج کے معنی گنبد، قبہ، آسمان کا ایک دائرہ بارہ سیاروں میں سے ایک وغیرہ ہیں اس کا ایمانی اور معلوماتی وسائنسی پہلو بھی ہے اس کی تفسیر نہایت جامعیت کے ساتھ کیا ہے۔ جس سے تمام پہلو آشکارا ہو جاتے ہیں، ملاحظہ ہو:۔

سورہ البروج مکی ہے یعنی مکی دور میں نازل ہوئی، اس میں بائیس آیتیں اور ایک رکوع ہے۔ اس سورہ کی پہلی آیت میں والسماء ذات البروج آیا ہے اسی مناسبت سے سورہ بروج کے نام سے موسوم ہے۔ یعنی یہ وہ سورت ہے جس میں لفظ بروج آیا ہے۔ اس سورت

میں اللہ تعالیٰ نے کفار و مشرکین کو ان کے ظلم و ستم پر برے انجام کی خبر دی ہے۔ جو وہ اہل ایمان پر کر رہے تھے۔ ساتھ ہی مومنوں کو تسلی بھی دی گئی ہے کہ وہ ان کے ظلم و ستم کو برداشت کریں۔ اور ثابت قدم رہیں تو اللہ تعالیٰ ان کو بہترین اجر سے نوازے گا۔ اس سورت میں اصحاب الاخدود کے واقعہ کو بیان کرتے ہوئے مومنوں کو یہ بتایا گیا ہے کہ ایسا نہیں ہے کہ کفار و مشرکین تمہیں لوگوں کے ساتھ ایسا کر رہے ہیں۔ بلکہ گزشتہ زمانے میں بھی حق کو قبول کر کے ایمان لانے والے لوگوں کے ساتھ بھی ان لوگوں نے ایسا ہی برتاؤ کیا کہ گڈھا کھود کر اس میں آگ جلائی اور اہل ایمان کو آگ میں پھینک دیا۔ پھر بھی وہ اپنے ایمان پر ثابت قدم رہے۔

اس لئے مومنوں کو کفار و مشرکین کے ظلم و ستم پر صبر کرنا چاہئے۔ البتہ جو لوگ ایسا کر رہے ہیں۔ تو اللہ تعالیٰ ایسے لوگوں کو یوں ہی نہیں چھوڑے گا بلکہ اگر انہوں نے توبہ نہیں کی اور ایمان نہیں لائے تو ان کو جہنم میں داخل کرے گا۔ جہاں وہ آگ میں جلیں گے۔ اللہ کا عذاب سخت ہے اور وہ عذاب دینے پر قادر ہے، اس لئے اس نے پہلے بھی نافرمانی کرنے والوں کو عذاب کا مزہ چکھایا ہے، فرعون اور ثمود کے واقعات تمہارے سامنے ہیں، ان کی بستیوں کے کھنڈرات آج بھی موجود ہیں، جو تم کو دعوت عبرت دے رہے ہیں، والسماء ذاتِ البروج، اللہ نے فرمایا کہ قسم برجوں والے آسمان کی یعنی وہ آسمان جس میں سورج، چاند، ستارے اور سیارے کے چلنے کے راستے اور ٹھہرنے کے مقامات بنائے گئے ہیں۔ جن کو موجودہ اصطلاحات میں مدار کہتے ہیں۔ جس میں یہ سب اپنے اپنے مقرر نظام کے مطابق چلتے ہیں اور ایک خاص مدت میں اپنے بروج میں پہنچتے ہیں، جہاں وہ کچھ وقفہ کے لئے ٹھہرتے ہیں۔ اسی طرح ہر مہینہ کیلئے ایک برج کے حساب سے بارہ برج متعین کئے گئے ہیں۔ اسی کے حساب سے موسم میں تبدیلی کا اندازہ لگایا جاتا ہے، اسی سے

رات اور دن کا حساب کیا جاتا ہے۔ سورج، چاند، ستارے اور سیارے اللہ کے مقرر کردہ نظام کے مطابق چلتے ہیں اس سے ذرہ برابر انحراف نہیں کرتے ہیں۔ مفسرین کی ایک رائے یہ بھی ہے کہ یہاں بروج سے ستارے اور سیارے مراد ہیں جو رات کے وقت آسمان کو زینت بخشتے ہیں۔ (تفسیر تسہیل القرآن، سورۃ البروج ص نمبر ۷۰۹، مصنف، مولانا ابوالکلام قاسمی شمسی، طبع اول ۲۰۲۳)

البتہ ترجمہ میں نمبرنگ نہیں ہے جس سے پتہ نہیں چلتا کہ حاشیہ میں کس کی تشریح ہے۔ اور حاشیہ میں بھی آیت نمبر نہیں ہے جو آیت یا جس لفظ کی تشریح ہے اس کے عربی لفظ کے ٹکڑے سے شروع کیا ہے۔ اس لئے تشریح کے لئے پورا صفحہ دیکھنا پڑتا ہے۔ نمبرنگ سے مزید سہولت ہو جاتی۔

ساڑھے چودہ سو سال کے عرصہ میں سینکڑوں تفسیریں لکھنے کے باوجود بہت سے مقامات ایسے آتے ہیں جہاں آج بھی مفسرین کو اپنی بے بضاعتی اور کم مائیگی کا اعتراف کرنا پڑتا ہے، یہ بھی قرآن کریم کا اعجاز ہے چونکہ اللہ تعالیٰ نے خود ہی ارشاد فرمایا ہے: ھن ام الکتاب واخر متشابھات (آل عمران:۷) یعنی کچھ آیتیں محکم ہیں اس کے سمجھنے میں کوئی دشواری نہیں مگر کچھ آیتیں متشابہہ ہیں جس کے سمجھنے میں عام انسانی عقل عاجز ہیں اس کی کئی مثالیں ہیں مگر یہاں ایک نمونہ پیش ہے، جہاں پر مولانا قاسمی نے بھی ایمان ویقین پر موقوف کر کے قلم کو روک لیا ہے، ارشاد ربانی ہے:

۴۔ یوم یکشف عن ساق (القلم:۴۲)

قیامت کے دن اہل ایمان اور اہل کفر کی کیا حالت ہوگی۔ اللہ تعالیٰ نے بیان کرتے ہوئے کہا کہ اللہ تعالیٰ قیامت کے دن پنڈلی سے پردہ ہٹا دے گا۔ تو اہل ایمان مرد وعورت سب سجدہ میں گر جائیں گے۔ جبکہ کفارہ مشرکین اور منافقین مردوں اور عورتوں کی

پیٹھیں اکڑ جائیں گی اور یہ لوگ سجدہ نہیں کر سکیں گے۔ حضرت ابو سعید خدریؓ بیان کرتے ہیں کہ رسول اللہ صلی اللہ علیہ وسلم نے فرمایا: ہمارا رب اپنی پنڈلی کھولے گا تو ہر مومن مرد اور مومن عورت اس کو سجدہ کریں گے اور صرف وہ شخص سجدہ نہیں کر سکے گا جو دنیا میں دکھلاوے اور ناموری کے لئے سجدہ کرتا تھا، وہ سجدہ کرنے لگیں گے تو اسکی پیٹھ تختہ کے مانند ہو جائیگی، (بخاری کتاب التفسیر) اللہ تعالیٰ نے اس آیت میں اپنے لئے "ساق" یعنی پنڈلی کا استعمال کیا ہے، یہ پنڈلی کیسی ہے، یہ انسانوں کی پنڈلی کی طرح یا اس کی کوئی اور صورت ہے؟ تو مفسرین کی رائے اس سلسلہ میں یہ ہے کہ ہم یہ بات نہ جان سکتے ہیں اور نہ جاننے کے مکلف ہیں، ہمارا کام یہ ہے کہ اللہ تعالیٰ نے اپنے لئے پنڈلی کا ذکر کیا ہے، تو ہم اتنی ہی بات جانیں اور اس پر ایمان لائیں، اس سے زیادہ اور کچھ بات نہ کریں۔ (تسہیل القرآن:۶۷۸)

اور اسی طرح کی بات مولانا محمد جوناگڑھی مطبوعہ سعودی عرب میں لکھی ہے:"اللہ تعالیٰ کی یہ پنڈلی کس طرح کی ہو گی؟ اسے وہ کس طرح کھولے گا؟ اس کیفیت کو ہم جان سکتے ہیں نہ بیان کر سکتے ہیں۔ اس لئے جس طرح ہم بلا کیف وبلا تشبیہ اس کی آنکھوں، کان، ہاتھ وغیرہ پر ایمان رکھتے ہیں۔ اسی طرح پنڈلی کا ذکر بھی قرآن اور حدیث میں ہے، اس پر بلا کیف ایمان رکھنا ضروری ہے، یہی سلف اور محدثین کا مسلک ہے۔ (قرآن کریم مع اردو ترجمہ تفسیر:۱۵۱۴)

بخوف طوالت دیگر تفسیروں کا تقابل نہ کر کے تسہیل القرآن کے چند نمونہ کو پیش کیا ہے تاکہ اس کے تفسیری آہنگ کا اندازا ہو سکے۔

ظاہری طور پر بھی یہ بہت دیدہ زیب حسن طباعت کا مظہر ہے۔ ہلکے سبز رنگ کے باریک کاغذ پر نفیس انداز میں بڑے اہتمام سے طبع ہوئی ہے۔ اس کی نفاست کا اندازہ اس

سے بھی ہو سکتا ہے کہ ۸۳۷ صفحات پر ایک جلد پر مشتمل اس تفسیر کی ضخامت صرف ایک انچ کے برابر ہے۔ اور طول و عرض میں ترجمہ شیخ الہند مطبوعہ سعودی عرب کے مثل ہے۔

سعودی فرمانرواشاہ فہد نے بڑے اہتمام سے ترجمہ شیخ الہند کو شائع کر کے تقسیم کیا تھا، جس کو بہت پسند کیا گیا تھا اور آج بھی اس کی بڑی فرمائش ہے۔ اسی سائز اور اسی طرح کے نفیس کاغذ میں عمدہ طباعت سے مزین یہ تفسیر تسہیل القرآن ہے۔ رب کریم اسے شرف قبولیت بخشے اور نافع عام بنادے۔

***

جہاں نور ہی نور تھا: حج کا سفر نامہ

شکیل رشید

معروف صحافی معصوم مرادآبادی کے سفر حج کی روداد 'جہاں نور ہی نور تھا' کے مطالعہ نے مجھے تین طرح سے متاثر کیا، ایک تو اللہ کے آخری رسول حضرت محمد صلی اللہ علیہ وسلم کی محبت شدت سے غالب آگئی، اور پھر سفر حج کی شدید خواہش سے دل بھر گیا۔ اور اماں مرحومہ یاد آگئیں۔

حج کا یہ سفر نامہ کمال کا ہے! کمال کا اس معنی میں کہ معصوم مرادآبادی کا قلم ارضِ قرآن کی تاریخ، حج کے ارکان اور گھٹنے والے واقعات کا بیان تمام ترجزیات اور تفصیل کے ساتھ تو کرتا ہے، لیکن رسول اکرم ﷺ اور ارضِ مقدس کی محبت سے ایک لمحہ کے لیے بھی غافل نہیں ہوتا۔ ورق ورق اور سطر سطر میں، اللہ رب العزت کی بڑائی اور کبریائی اور رسول اکرم ﷺ کی شان، عظمت اور تقدس سمایا ہوا ہے۔

دو اقتباسات ملاحظہ فرمائیں: "بیچ رات میں مسجد نبوی ﷺ سے اذان کی آواز بلند ہونے لگی۔ ہم نے وقت دیکھا تو ابھی ۳ بجے تھے۔ بے وقت اذان سے کچھ دیر کے لیے تجسس پیدا ہوا۔ دریافت کرنے پر معلوم ہوا کہ یہ تہجد کی اذان ہے۔ حرم شریف میں دیگر اذانوں کی طرح تہجد کی اذان بھی ہوتی ہے تاہم تہجد کی نماز لوگ انفرادی طور پر پڑھتے ہیں۔ ہماری قیام گاہ مسجدِ نبوی ﷺ سے تقریباً آدھا کلومیٹر دور تھی، ہم ہوٹل میں ہی

وضو کر کے حرمِ نبوی ﷺ کی طرف چل پڑے۔ اس وقت کی کیفیت نا قابلِ بیان ہے۔ جس کی تڑپ اور طلب میں کتنے دن اور راتیں گزاری تھیں اب وہ منزل نگاہوں کے سامنے آنے والی تھی۔ لیجیے، وہ منزل عقیدت آ بھی گئی۔ پہلی نظر مسجدِ نبوی ﷺ کے بلند و بالا مینار پر پڑی تو آنکھیں چھلک گئیں۔ رات کی تاریکی میں طاقتور سرچ لائٹوں کی مدد سے میناروں پر ایسی رونق اور نور بکھرا ہوا تھا کہ اس سے نظریں ہٹانے کو جی نہیں چاہتا تھا۔ جوں جوں ہم مسجدِ نبوی ﷺ کے قریب پہنچ رہے تھے، ہماری قلبی کیفیت پر بہار آ رہی تھی۔"

دوسرا اقتباس: "کہا جاتا ہے کہ خانہ کعبہ پر پہلی نظر پڑنے کے بعد جو دعا مانگی جاتی ہے، اسے شرفِ قبولیت حاصل ہوتا ہے۔ ہم نے جب اوپر سے خانہ کعبہ کا پہلی بار دیدار کیا تو پہلی ہی نظر نے ہماری گویائی کو ضبط کر لیا۔ کچھ کہنے یا مانگنے کی کوشش کی تو ذہن نے زبان کا ساتھ نہیں دیا۔ یہ اللہ کے گھر کا جلال تھا۔ یا خدا، ہم تیرے گھر کے اتنا نزدیک ہیں ؟ ہمیں خود اپنی آنکھوں پر یقین نہیں آرہا ہے۔ نظروں کے ذریعہ دل میں اترنے والی کیفیات کچھ ایسی عجیب و غریب تھیں کہ زبان سے کچھ کہا نہیں جارہا تھا۔ بس ایک کیف تھا اور ہم تھے۔ یا اللہ ! ہم تیری بارگاہ میں تیرے گھر کے اتنے نزدیک پہنچ کر اپنے تمام صغیرہ و کبیرہ گناہوں کی معافی طلب کرتے ہیں۔ ہم تیری بارگاہ میں شُکر و سپاس کے جتنے بھی نذرانے پیش کریں وہ کم ہیں۔ تیری جتنی بھی حمد و ثناء کریں وہ کم ہے۔ یقیناً ہماری گناہگار نظریں اور یہ سیہ کار دل اس قابل نہیں کہ وہ تیرے مقدس گھر کا دیدار کرنے کی تاب لا سکیں۔ یہ محض تیرا فضل ہے کہ تو نے ہمیں اپنے گھر آنے اور اس کی زیارت کی سعادت بخشی ہے۔"

مذکورہ دونوں ہی اقتباسات سے، رسول اکرم ﷺ کی محبت اور اللہ رب العزت

کی کبریائی میں، لکھنے والے کے احساسات، تڑپ، ندامت اور وفور کا اندازہ کیا جا سکتا ہے۔ یہ کیفیت ایسی ہے جو اس سفر حج کے پڑھنے والے کو اپنی گرفت میں لے لیتی ہے، اور وہ مصنف کا ہم سفر بن کر اس کے احساسات میں شریک ہو جاتا ہے؛ میرے ساتھ کچھ ایسا ہی ہوا ہے۔

میں نے اوپر ذکر کیا ہے کہ اس کتاب نے مجھے والدہ مرحومہ کی یاد دلا دی؛ کیوں؟ جواب کے لیے معصوم مرادآبادی کے 'پیش لفظ' پر نظر ڈالنا ضروری ہے۔ مصنف لکھتے ہیں کہ ہر مسلمان کی طرح اُن کے دل میں بھی حج کی تمنا تھی اور صحافی کی حیثیت سے انہیں مفت سفر حج کے مواقع ملے، لیکن وہ چاہتے تھے کہ "اس مقدس و مامون سرزمین کا پہلا سفر اپنی گاڑھی کمائی سے کروں تاکہ قلب کو سکون میسر آئے"، لیکن اس کا موقع نہیں مل سکا۔ مصنف کی تمنا تھی کہ "کسی نہ کسی طور اپنی والدہ کو حج کراؤں"، اور جب ۲۰۰۴ میں خود کے پیسے پر حج کرنے کے قابل ہوئے تو ان کی والدہ اسی دوران انتقال کر گئیں۔ پھر ایک سال بعد وہ اپنے والد کو اور اہلیہ کو لے کر سفر حج پر روانہ ہوئے۔ یہ روداد اسی سفر کی ہے۔ میرے ساتھ بھی کچھ ایسا ہی ہوا کہ والدہ بڑے بھائی فرید احمد کے ساتھ حج کا فریضہ ادا کر کے آئیں تو کہا کہ اب شکیل کے ساتھ حج کرنا ہے، ان شاءاللہ، مگر اس سے پہلے کہ وہ دن آتا اماں مالک حقیقی سے جا ملیں، اور ان کی میرے ساتھ حج پر جانے کی اور میری انہیں حج کرانے کی تمنا بس تمنا ہی رہ گئی۔

معصوم مرادآبادی نے، اس سفر حج میں، بطور ضمیمہ اپنے دوسرے حج اور ایک عمرے کی روداد بھی مختصراً شامل کر دی ہے۔ یہ سوال اٹھ سکتا ہے کہ ۲۰۰۵ کے حج کی روداد اب تقریباً ۱۹ سال بعد کیوں شائع کی جا رہی ہے؟ اس سوال کا جواب 'پیش لفظ' میں دے دیا گیا ہے۔ معصوم مرادآبادی لکھتے ہیں: "آپ کہیں گے کہ سفر حج کے اتنے سال

بعد سفر نامہ لکھنے کی ضرورت کیوں پیش آئی۔ جواب یہ ہے کہ سفر نامہ تو واپسی کے فوراً بعد ہی لکھ لیا تھا اور اس کی کچھ قسطیں اخبار میں شائع بھی ہو چکی تھیں، لیکن جب بھی اسے کتابی شکل دینے کا خیال آیا تو اس خوف نے دامن پکڑ لیا کہ سفر نامے تو اللہ کے نیک بندوں کے شائع ہوتے ہیں۔ تم ایک گنہ گار سیہ کار بندے ہو، نہ جانے کس گستاخی کے مرتکب ہو جاؤ اور تمہاری عبادت ہی رائیگاں چلی جائے۔ ایک گنہ گار اور سیہ کار کے دامن میں سوائے ندامت و شرمندگی کے ہوتا بھی کیا ہے۔ بار بار کی کوشش کے باوجود میں اس کتاب کی اشاعت سے گریز ہی کرتا رہا۔ یہاں تک کہ کچھ دوستوں نے مجھے اس کی اشاعت پر مجبور کر دیا۔" اور یہ اچھا ہی ہوا کیونکہ اگر یہ سفر نامہ شائع نہ ہوتا تو ایک بہترین سفر نامہ پڑھنے سے بہت سارے پڑھنے والے محروم رہ جاتے۔

سفر نامے کے گیارہ ابواب ہیں اور پانچ ضمیمے ہیں۔ پہلے باب کا عنوان ہے 'جہاں نور ہی نور تھا'۔ اس باب کا آغاز مدینہ منورہ میں جہاز کی لینڈنگ کے اعلان سے ہوتا ہے۔ اور آگے سرزمین مدینہ کے اوصاف اور وہاں کی اہمیت کا ذکر کیا جاتا ہے: " وہ مقدس شہر جہاں خدا کے سب سے محبوب اور اول و آخر پیغمبر صلی اللہ علیہ وسلم کی آخری آرام گاہ ہے اور جو خدا اور اس کے محبوب ﷺ کا سب سے پسندیدہ شہر بھی ہے۔" دوسرا باب 'مسجد نبوی میں حاضری' کے عنوان سے ہے۔ یہ باب دلی کیفیات سے لبریز ہے۔ روضہ اطہر ﷺ کا ذکر ملاحظہ کریں: "روضہ اطہر ﷺ کے ہر سمت درود و سلام پڑھنے والے انفرادی اور اجتماعی طور پر سراپا ادب مگر مگن نظر آئے۔ ان گنت لوگ کا ہجوم اس حجرہ مبارک کا دیدار کرنے جہاں آپ ﷺ حضرات صاحبینؓ کے ساتھ آرام فرما ہیں، اور حضور ﷺ کے روضہ کی جالی کو چھونے یا چومنے کی کوشش میں جذبات سے اتنا مغلوب ہو گیے کہ کسی کو اپنی سدھ ہی نہیں رہی۔ حالانکہ یہ وہ جا ہے جہاں فرشتے بھی باادب

رہتے ہیں۔ ہماری تو بساط ہی کیا، بڑے بڑے علمائے دین، متقی، پرہیز گار اور خدا رسیدہ بزرگ یہاں آکر خود کو اس تنکے سے بھی کم تر سمجھتے ہیں جسے ہوا کا ایک جھونکا آن واحد میں اڑا کر کہیں سے کہیں لے جاتا ہے۔ ظاہر ہے یہ دربار ہی ایسا ہے۔

اللہ کے پیارے نبی ﷺ کی آخری آرام گاہ پر پہنچ کر اہل ایمان کے جذبات واحساسات پر جو بہار آتی ہے، وہ بیان ہی نہیں کی جاسکتی۔ یہاں آس پاس کھڑے ہوئے کسی شخص کی آنکھ ایسی نہیں ہوتی جو خوشی اور عقیدت کے جذبات سے نم نہ ہو۔ روضہ اطہر ﷺ کی زیارت کے لیے لوگوں کے اژدہام میں شامل ہو کر ہم بھی دنیا ومافیہا سے بے خبر ہو گیے۔ پھر نہ جانے کیسے چلتے چلاتے، گرتے پڑتے آخر کار حضور ﷺ کی جالی تک پہنچے جہاں کئی سیکورٹی جوان تعینات تھے اور لوگوں کو ان حرکات سے روک رہے تھے جو محبت کا نتیجہ سہی مگر ادب کے خلاف ہیں۔ روضہ ﷺ کی جالی کے قریب جو بھی پہنچ جاتا ہے وہ اس وقت تک ہٹنے کا نام نہیں لیتا تھا جب تک وہاں تعینات سیکورٹی جوان اسے ہٹا نہیں دیتے۔ سلام پیش کرنے کے بعد جب ہم باہر نکلے تو ٹھنڈی ہواؤں کے باوجود سر تا پا پسینے میں شرابور تھے۔"

بعد کے ابواب ہیں 'مدینہ منورہ سے مکہ مدینہ '،' خانہ کعبہ کے پہلو میں '،' حرم شریف کی چہل پہل'،'عبادت وریاضت کی بہار'،'خیموں کی بستی میں'،'میدان عرفات کا بدلتا ہوا سماں'،' آنسوؤں کا سمندر'،' عرفات سے مزدلفہ روانگی'اور'وقت کی کش مکش '۔ ان ابواب میں حج کی ادائیگی اور حجاج کرام کی قلبی کیفیات، لوگوں کی تڑپ، مذہبی مقامات کی تفصیلات غرضیکہ سب کچھ پڑھنے والوں کی آنکھوں کے سامنے آجاتا ہے۔ ایک باب میں اس بھگدڑ کا حال ہے جس میں چار سو سے زائد حجاج کرام شہید ہوئے

تھے۔ معصوم مرادآبادی نے سارا منظر ایک صحافی کی آنکھ سے بھی دیکھا اور زائر کی آنکھ سے بھی اور منظر تحریر کرنے میں دونوں ہی کیفیات جمع کر دیں؛ "ایک مصری خاتون نے آگے سے چلا چلا کر کہا کہ 'اے مسلمانوں رحم کرو'۔ بعد کو آگے جاکر معلوم ہوا کہ یہ عورت وہاں پڑی ہوئی لاشوں اور کچلتے ہوئے بے بس لوگوں کو دیکھ کر رحم کی بھیک مانگ رہی تھی۔ آگے ایک مرد اور عورت کی کچلی ہوئی لاشیں پڑی ہوئی تھیں اور لوگ ان پر پاؤں رکھ کر آگے بڑھ رہے تھے۔" پورا منظر ہے، جس میں معصوم مرادآبادی اور ان کی اہلیہ کے گرنے اور موت کو سامنے محسوس کرنے کا ذکر بھی شامل ہے۔ کون تھا اس بھگدڑ کا قصوروار؟ اس سوال کا جواب بھی کتاب میں دیا گیا ہے۔ پانچ ضمیمے مکہ اور مدینہ کی محبت سے بھرے ہوئے ہیں۔ اس کتاب کی خاص بات یہ ہے کہ یہ سفر حج کے لیے آمادہ کرتی بلکہ کہتی ہے کہ آٹھ باندھ کمر۔

کتاب کا وقیع مقدمہ پروفیسر محسن عثمانی ندوی کا تحریر کردہ ہے، اس کا ایک اقتباس حرفِ آخر کے طور پر پیش ہے: "حج کا سفر ایک عاشقانہ سفر ہے۔ اس سفر نامے میں معصوم مرادآبادی نے اپنے عاشقانہ شوق و ذوق کے جذبات کو بہت موثر انداز میں پیش کیا ہے اور ایسے تمام مقامات پر وہ صحافی سے زیادہ قادرالکلام ادیب نظر آتے ہیں۔ ان کے دل کی ولولہ انگیزی انشاء پردازانہ اسلوب سے بدل جاتی ہے۔ ان کے جملے ان کے دل کی دھڑکنوں کے آئینہ دار بن جاتے ہیں۔ یہ ایک ایسا سفر نامہ ہے جس میں ایک صحافی کے مشاہدات اور ایک ادیب کے جذبات بہم ہو گیے ہیں۔ جس میں ہوش بھی ہے اور جوش بھی۔ کبھی دل کے ساتھ پاسبانِ عقل ہے اور کبھی دل کو جنونِ شوق اور جذبہ عشق میں بہنے کے لیے چھوڑ دیا گیا ہے۔"

اس سفر نامے کا انتساب معصوم مرادآبادی نے اپنی والدہ مرحومہ کے نام کیا ہے۔ 'خبر دار پبلیکیشنز، نئی دہلی' سے شائع ہونے والی یہ خوبصورت کتاب ۱۲۸ صفحات پر مشتمل ہے اور اس کی قیمت ۲۰۰ روپیے ہے۔

٭٭٭

متن کے آس پاس: ایک تجزیاتی مطالعہ

اسلم رحمانی

گزشتہ چند برسوں میں دنیائے اردو ادب میں جن جواں سال قلمکاروں نے اپنی تحریروں سے ادبی حلقوں کو خاص طور پر اپنی طرف متوجہ کیا ہے ان میں ایک نام سلمان عبد الصمد کا بھی ہے۔ "متن کے آس پاس" ڈاکٹر سلمان عبد الصمد، اسسٹنٹ پروفیسر شعبۂ اردو خواجہ بندہ نواز یونیورسٹی، گلبرگہ کے تنقیدی، تجزیاتی اور تاثراتی مضامین کا پہلا مجموعہ ہے۔ اس میں مصنف کے دل کی باتیں اور خطۂ نوازشات کے علاوہ ۱۷/ مضامین شامل ہیں۔ کتاب کا انتساب سلمان عبد الصمد نے ان مدیرانِ رسائل کے نام کیا ہے جنہوں نے ان کے مضامین کو شائع کر کے ان کو ادبی حلقوں میں متعارف کروانے میں نمایاں کردار ادا کیا ہے۔ سلمان عبد الصمد نے "باتیں دل کی" عنوان کے تحت اپنے قلمی سفر کے آغاز پر روشنی ڈالی ہے۔ وہ لکھتے ہیں کہ:

"میں نے اپنے مضامین میں چبائے ہوئے نوالے پر بھروسہ نہیں کیا ہے۔ چکی خود پیسی۔ آٹا خود گوندھا۔ آڑی ترچھی بنی یا گول، روٹی خود بنائی پھر ٹکرا توڑ کر نوالہ بنانے کی مشق بھی آپ اٹھائی۔"

(ص:۷)

زیر تبصرہ کتاب کا باضابطہ طور پر آغاز 'خسرو کا ہندوی کلام اور اشکالات' کا تجزیاتی

مطالعے سے ہوتا ہے۔ جس میں سلمان عبد الصمد نے امیر خسروؔ کے ہندوی کلام اور اشکالات کا بھرپور جائزہ لیا ہے۔ انہوں نے خسرو کے ہندوی کلام کے متعلق شمس الرحمن فاروقی کا قول نقل کیا ہے کہ:

"خسرو نے 'غرۃ الکمال' میں اپنے ہندی کلام کی کمیت کے بارے میں صرف 'جزوے چند' کا فقرہ لکھا ہے۔ ان باتوں کے پیش نظر یہی کہنا پڑتا ہے کہ خسرو کا ہندوی کلام اس لیے باقی نہ رہا کہ وہ کچھ زیادہ کمیت کا نہ تھا، اور زیادہ تر تعفنن طبع کے لیے ہنگامی مواقع پر تصنیف ہوا تھا، اس لیے خسرو اسے چنداں اہمیت نہیں دیتے تھے"

(ص:۱۳۰)

شمس الرحمن فاروقی کے اس اقتباس کا تجزیہ کرتے ہوئے سلمان عبد الصمد، شمس الرحمن فاروقی کے خیال سے اختلاف کرتے ہوئے لکھتے ہیں کہ:

"فاروقی صاحب کا تسلیم کرنا اپنی جگہ درست ہے کہ خسرو نے ہندوی میں بہت کم کہا ہے، لیکن اس سے یہ کہاں ثابت ہوتا ہے کہ وہ اپنے ہندوی کلام کو اہمیت نہیں دیتے تھے۔ بہت سے ادبا ایسے ہیں جنھوں نے کم لکھا ہے یا کم شاعری کی ہے۔ کم شاعری کرنے یا کم لکھنے کا مطلب قطعاً یہ نہیں ہو سکتا ہے کہ لکھنے والا لکھنے کو کمتر سمجھتا ہے۔ اس لیے راقم کا خیال یہ ہے کہ خسرو کے کلام کی اہمیت بہت زیادہ تھی۔ یہ الگ بات ہے کہ وہ ہندوی میں کم کلام کہتے تھے۔ پھر اس عہد میں ہندوی کا عام ماحول بھی تو نہیں تھا۔ اس لیے انہوں نے کم کہا ہے۔ ان کے کم کہنے کو کمتر کہنا کسی بھی طرح مناسب نہیں ہے۔"

(ایضا)

سلمان عبد الصمد نے زیر تبصرہ کتاب میں ولی' دہلوی'(معروف بہ ولی دکنی) دہلی آمد، سعد اللہ گلشن سے ملاقات، تعلقات کی نوعیت اور ان کی لسانی عظمت پر تفصیلی گفتگو

کی ہے۔ان کا خیال ہے کہ:

"ولی کی شاعرانہ کرامت جہاں یہ ہے کہ انہوں نے نظم کو غزل میں مدغم کیا، وہیں انہوں نے زبان میں رنگ آمیزی بھی اور دکن میں ایک ایسی زبان کا ہیولیٰ تیار کیا جس میں دکنی اثرات کم، شمالی احساسات زیادہ رچے بسے تھے۔ اس لیے یہ کہنا مبالغہ نہیں ہوگا کہ ولی جتنے دکنی تھے، اتنے ہی دہلوی یا شمالی بھی تھے۔ گویا ولی نے ایسی ادبی راہ پر سفر کیا جس پر ریختہ یا فارسی آمیز دکنی سنگِ میل لگے ہوئے تھے اور ان سنگ میلوں سے گزرنے کے بعد ایک ایسی منزل آئی جہاں سعد اللہ گلشن مقیم تھے۔ ان سے ان کی گفت و شنید ہوئی اور اسی دوران میاں گلشن نے ولی کو ریختہ اور فارسی کو ہم آہنگ کرنے کا مشورہ دیا۔ جب انہوں نے اس مشورے پر عمل کیا تو بڑے بڑے شعرا نے ولی کا تتبع کیا۔ اس طرح پیر میاں گلشن کے مرید ولی خود ادبی پیر ہوگئے اور ان کے ہاتھ پر قد آور غزلیہ شاعروں نے ادبی بیعت کی۔"

(ص:۳۴)

انہوں نے زیر تبصرہ کتاب میں شمس الرحمن فاروقی کی شہرۂ آفاق کتاب "شعر شور انگیز" پر روشنی ڈالی ہے۔ اور اس کے اجمالی جائزہ کے علاوہ شمس الرحمن فاروقی کی اس شاہکار کاوش کا بھرپور احاطہ کیا ہے۔ سلمان عبد الصمد رقمطراز ہیں کہ:

"شعرِ شور انگیز" کے مطالعے کے دوران جہاں ایک حساس قاری " اسلوبِ انتقادیات" کی ایک نئی دنیا میں پہنچ جاتا ہے، وہیں اس کے ذہن میں چند سوالات بھی پیدا ہوتے ہیں۔ چوں کہ تشریح و تنقید کے باب میں (دلائل کے ساتھ ساتھ) نکتہ رسی اور باریک بینی کی حیثیت بھی مسلم ہے۔ اس لیے راقم نے فاروقی صاحب کی نکتہ رسی پر غور کیا تو بہت کچھ سیکھا، سمجھا بار بار پڑھا (پھر بھی بہت کچھ سمجھنے سے رہ گیا)۔ ان کے عالمانہ

رویوں سے سیکھنے کے بعد راقم نے اس کتاب پر فکری نہ سہی 'تاثراتی سوالات' قائم کیے (ضروری نہیں کہ ان سوالوں کی کوئی علمی حیثیت بھی ہو، البتہ سوال تو آخر سوال ہوتا ہے)۔"

(ص:۳۸)

سلمان عبد الصمد کے مذکورہ بالا اقتباس پر غور کرنے اور بیس صفحات میں پھیلے ہوئے اس مضمون سے یہ بات روز روشن کی طرح عیاں ہو جاتی ہے کہ انہوں اپنی تحریر کے ذریعہ نہایت تلاش و جستجو اور تحقیق کے بعد "شعر شور انگیز" کی ایک نئ تصویر پیش کی ہے، جس میں تحقیق کا سودا رکھنے والوں کے لیے بہت سے اشارے موجود ہیں، جن پر مزید کام کرنے کی ضرورت اور گنجائش ہے۔

سلمان عبد الصمد نے زیر تبصرہ کتاب میں اقبال کا تصور فرد اور سماج کا احاطہ کیا ہے اس میں وہ اقبال کے تصور خودی کی تعریف بیان کرتے ہوئے لکھتے ہیں کہ:

"اقبال کی خودی نہ تصوف کے فنائی معاملات کی مبلغ ہے اور نہ رہبانیت کی۔ فنا فی اللہ اور تعلق مع اللہ انفرادی حیثیت سے غلط نہیں، تاہم سماجی تانے بانے سے کہیں نہ کہیں اس کا رشتہ ٹوٹتا نظر آتا ہے اور معاملہ ایک فرد کا ہو جاتا ہے۔ لیکن اقبال کی خودی ہر ایک دل میں ارتفاعِ انسانیت کے دیے روشن کرتے ہوئے سماج میں مدغم ہو جاتی ہے۔ سماج سے جڑنے کے بعد گفتار فقط گفتار کا غازی ہونا ہی مستحسن نہیں بلکہ اعمال و افعال کا پیکر بننا بھی ضروری ہوتا ہے۔"

(ص:۵۹)

کتاب میں سعادت حسن منٹو کی افسانہ نگاری پر "منٹو اور تضادات 'نیا قانون' کے عنوان سے وہ لکھتے ہیں کہ:

"منٹو کے چند شاہ کار افسانوں میں ایک کامیاب افسانہ "نیا قانون" بھی تسلیم کیا جاتا ہے۔ عموماً اس کی کامیابی کے پیچھے یہ وجہ بتائی جاتی ہے کہ اس کا مرکزی کردار منگو کوچوان ہندستانی سادہ لوح عوام کا ہی نہیں بلکہ غلام اور استحصال زدہ پورے عالمی معاشرے کا نمائندہ ہے اور عوامی فلاح پر مبنی قوانین کے پس پردہ ہونے والے کھیل پر تیکھا طنز بھی ہے۔"

(ص:۷۶)

سلمان عبد الصمد اپنی کتاب میں " تین اسلوبیاتی نقادوں پر ایک نظر" کے موضوع پر اسلوبیاتی تنقید کے آغاز و ارتقاء اور اس کی اہمیت و افادیت پر روشنی ڈالتے ہوئے لکھتے ہیں کہ:

"اردو میں اسلوب کے مطالعے کا معاملہ نیا نہیں ہے۔ کیوں کہ تذکروں میں بھی شعراء کے انداز بیان اور طرز تحریر کی طرف اشارے مل جاتے ہیں۔"

(ص:۸۶)

سلمان عبد الصمد نے اسلوبیاتی تنقید پر عالمانہ انداز میں جو گفتگو کی ہے وہ واقعی لائق تحسین ہے کیوں کہ اسلوب کی اہمیت اس لیے بھی ہے کہ کسی ادیب یا شاعر کی انفرادیت جاننے کے لیے ہمیں بالآخر اس کے اسلوب کا ہی سہارا لینا پڑتا ہے، ورنہ موضوعات تو کسی کی ملکیت نہیں ہوتے۔ اس طرح زبان ایک طرف بہ طورِ ذریعۂ اظہار ادب سے اپنا رشتہ استوار کرتی ہے تو دوسری طرف وہ لسانیات کے لیے مواد و موضوع فراہم کرتی ہے۔ لسانیات زبان کے مطالعے اور تجزیے کا کام اپنے اصولوں اور طریقوں کے مطابق سر انجام دیتی ہے۔ یہی اصول اور طریقے ادبی زبان کے مطالعے اور تجزیے میں بھی بروئے عمل لائے جاتے ہیں۔ چوں کہ ادبی و تخلیقی زبان کا یہ مطالعہ قطعیت کے ساتھ منظم طور

پر کیا جاتا ہے، اور اس مطالعے میں سائنسی اور معروضی انداز اختیار کیا جاتا ہے، نیز اس کی اپنی نظری بنیادیں اور عملی ضابطے ہیں، اس لیے اس کی حیثیت ایک باقاعدہ شعبۂ علم کی ہو گئی ہے جسے 'اسلوبیات' کہتے ہیں۔

زیر تبصرہ کتاب میں سلمان عبد الصمد نے خسرو کا ہندوی کلام اور اشکالات، ولی' دہلوی' کی لسانی عظمت، 'شعر شور انگیز' پر سوالات، اقبال کا تصور فرد اور سماج، مجالس النساء کی نئی قرأت، منٹو اور تضادات'، نیا قانون، تین اسلوبیاتی نقادوں پر ایک نظر، کے علاوہ غیر مطبوعہ ناول " دوست " کا مقدمہ، ناول " دھوپ چھاؤں " کا تجزیہ، 'اماوس میں خواب 'کا موضوع اور اسلوب، " تین لڑکیاں ایک کہانی " کا تنقیدی مطالعہ، جوگندر پال کے افسانے، مفتی کا نفسیاتی رویہ اور 'ماتھے کا تل 'مکتوباتِ اکبر کا تنقیدی جائزہ، اردو نفسیاتی تنقید پر ایک نظر، نئی کتابیں، کے: چند باتیں، اظہار و ترسیل، علاقائی تناظر اور صحافت جیسے اہم موضوعات کا انہوں نے نہایت ہی سنجیدگی کے ساتھ معروضی انداز میں جائزہ پیش کیا ہے۔

ان مضامین کے مطالعہ سے سلمان عبد الصمد کے افکار و نظریات سے قاری بخوبی واقف ہو جاتا ہے۔ ان مضامین میں عبد الصمد کے ذریعہ پیش کیے گئے خیالات سے اختلاف ہو سکتے ہیں۔ لیکن اس سے ان تحریروں کی اہمیت کم نہیں ہوتی۔ یہ تحریریں ہمیں اکستاتی، چھیڑتی اور کچھ سوچنے پر مجبور کرتی ہیں۔ کتاب کی ایک خوبی یہ ہے کہ ہر مضمون کے آخر میں 'کتابیات' بھی شامل ہے، جو مصنف کی تحقیقی کاوش اور ژرف نگاہی کی حکایت بیان کرتی ہے۔ ہمیں اُمید ہے کہ کے ادبی حلقوں میں تنقید اور تحقیق کی اہمیت کو سمجھنے میں یہ کتاب سنگ میل ثابت ہو گی اور اسے ادبی حلقوں میں خاطر خواہ پذیرائی حاصل ہو گی۔ زیر تبصرہ کتاب کا سرورق خوبصورت ہے، پہلے فلیپ پر سلمان عبد الصمد کی بُوقلمونیِ

کے اعتراف میں پروفیسر عبد البرکات، مسعود بیگ، دوسرے فیلپ پر مشتاق احمد نوری اور عشرت ظہیر کی تحریریں دیکھی جاسکتی ہیں۔ کتاب کے پچھلے حصے پر " متن کے آس پاس " کی خوبیوں پر پروفیسر مرزا خلیل احمد بیگ، پروفیسر عتیق اللہ اور ڈاکٹر جاوید رحمانی کے تاثرات درج ہیں۔

ڈاکٹر سلمان عبد الصمد کی یہ تصنیف ۲۳۲ صفحات پر مشتمل ہے اور مرکزی پبلیکیشنز، نئی دہلی سے ۲۰۲۳ میں شائع ہوئی ہے۔

***

کیا شخص زمانے سے اٹھا: سوانح نگاری کے باب میں ایک مفید اضافہ

مفتی محمد خالد حسین نیموی قاسمی

ابھی ہمارے مطالعہ کی میز پر محب گرامی جناب مولانا بدرالاسلام قاسمی کی طرف سے ارسال کردہ کتابوں کا ایک سیٹ موجود ہے، اس میں سے پہلی کتاب ہے "کیا شخص زمانے سے اٹھا"۔

اس کتاب میں شیخ الادب حضرت مولانا مفتی محمد اسلام قاسمی رحمۃ اللہ علیہ سابق استاذ حدیث و ادب دارالعلوم دیوبند وقف کی جدوجہد اور عزم و حوصلہ سے لبریز زندگی، آپ کی تدریسی، ادبی و صحافتی خدمات اور خانگی و ذاتی احوال کا جس خوبصورتی کے ساتھ تذکرہ کیا گیا ہے اس کے لیے اس کتاب کے مؤلف، فاضل گرامی مولانا بدرالاسلام قاسمی صاحب استاد جامعہ امام محمد انور شاہ دیوبند ہمارے شکریہ کے مستحق ہیں۔

میں اس عظیم پیشکش پر ان کی خدمت میں مبارکبادی کے سوغات پیش کرتا ہوں۔

یقینا مولانا اسلام قاسمی اپنی خدمات خاص طور پر اپنی علمیت و ادبیت، صحافت وانشاء پردازی اور تدریسِ حدیث وادب میں ایک امتیازی صفت کے مالک تھے اور اکابر کی نگرانی خاص طور پر حکیم الاسلام حضرت قاری محمد طیب صاحب رحمۃ اللہ علیہ کی آپ کو دعائیں

بھی ملیں، شفقتیں بھی ملیں اور ان کی نگرانی میں آپ نے صحافتی خدمات اور تدریسی خدمات بھی انجام دیں۔ آپ کی یہ خدمات دارالعلوم دیوبند اور دارالعلوم وقف دیوبند کی تاریخ کا ایک روشن باب ہے۔ لیکن مولانا اسلام قاسمی کی زندگی کا یہ روشن باب تحریری شکل میں منصہ شہود پہ جلوہ گر نہیں ہوتا؛ اگر آپ کے صاحبزادے اس امانت کو خوبصورت انداز میں علمی دنیا کے سامنے پیش نہیں کرتے اور رفتہ رفتہ آپ کے ذکر کی تابانی کم سے کم تر ہوجاتی جیسا کہ دیگر شخصیات کے ساتھ ہوتا رہا ہے کہ ان کی خدمات پہ مرور زمانے کے ساتھ گرد وغبار کی دبیز تہہ جم جاتی ہے اور شاگردوں کے اٹھنے کے ساتھ لوگوں کو یہ بھی پتہ نہیں رہتا کہ اس نام کی کوئی عظیم شخصیت گزری تھی۔

جانشین اگر لائق وفائق ہو تو نہ صرف یہ کہ اپنے مورث کے؛ اپنے اساتذہ ومشائخ کے نام کو روشن کرتا ہے بلکہ اپنے نام کو بھی اکابر کے نام کے ساتھ زندہ جاوید بنادیتا ہے۔ جس طرح امام محمد نے امام اعظم ابو حنیفہ کے ابن القیم نے علامہ ابن تیمیہ کے، علامہ سخاوی نے ابن حجر عسقلانی کے اور اخیر کے زمانے میں علامہ یوسف بنوری نے اور علامہ بدر عالم میرٹھی نے علامہ انور شاہ کشمیری کے علوم ومعارف کو اس بھرپور انداز میں دنیا کے سامنے پیش کیا کہ استاذ کے ساتھ شاگرد کا نام بھی تاریخ کی صفات میں روشن اور لازوال ہوگیا۔

ایسے ہی کچھ جلوہ گری ہمیں مولانا بدرالاسلام قاسمی میں بھی نظر آرہی ہے کہ وفات کے فورا بعد وہ اپنے استاذ اور والد کی سوانح کی ترتیب میں لگ گئے۔ اتنا ہی نہیں بلکہ والد گرامی کی جو کتابیں طبع نہیں ہوئی تھیں؛ سوانح کے ساتھ ان کتابوں کی بھی اشاعت کا انھوں نے اہتمام کیا

یقیناً وہ "پدر نہ کرد پسر تمام کرد" کے مصداق ہیں کہ والد کے چھوڑے ہوئے کام

کی تکمیل کی سعادت مندانہ سعی ان کے حصہ میں آئی۔

مولانا بدرالاسلام قاسمی کی طرف سے ارسال کردہ کتابوں مکمل سیٹ میں "کیا شخص زمانے سے اٹھا" کے علاوہ "نگارشات اسلام" _ تصنیف مولانا مفتی اسلام قاسمی _ "دارالعلوم دیوبند کی ایک صدی کا علمی سفر نامہ" _ تالیف مفتی محمد اسلام قاسمی _ "شیخ الادب مولانا اسلام قاسمی کے زندگی کے کچھ پہلو" _ ترتیب مولانا بدرالاسلام قاسمی _ "مقالات حکیم الاسلام" ترتیب مولانا مفتی اسلام قاسمی _ "چند مقتدر شخصیات" رشحات قلم مولانا اسلام قاسمی، شامل ہیں۔

ان تمام کتابوں کی بھی انہوں نے خوبصورت گیٹ اپ جاذب نظر ٹائٹل کے ساتھ اشاعت کا اہتمام کیا اور نہ صرف اہتمام بلکہ اشاعت کے بعد قارئین اور اہل علم تک پہنچانے کی انہوں نے بھرپور کوششیں بھی کیں۔ نہایت آب و تاب کے ساتھ اس کی رسم اجراء کی تقریب بھی منعقد ہوئی؛ جس میں ملک کے ممتاز اہل علم کی شرکت نے اس تقریب کو چار چاند لگا دیا۔

یوں تو کتابوں کے اس سیٹ میں تمام ہی کتابیں اہم ہیں؛ لیکن خاص طور پر "کیا شخص زمانے سے اٹھا" نامی کتاب سوانحی ادب کی بہترین مثال ہے۔

کتاب کے مؤلف جناب مولانا بدرالاسلام قاسمی جنہیں ہم بجا طور پر اپنے والد کا لائق جانشین کہہ سکتے ہیں انہوں نے اپنے والد گرامی کی میراث کی حفاظت کے سلسلہ میں جس حوصلہ مندی کا ثبوت دیا ہے یقیناوہ مثال ہے۔

"کیا شخص زمانے سے اٹھا" یہ کتاب دو جلدوں پر مشتمل ہے جلد اول میں آپ کے سوانحی خاکے ہیں اس میں کئی ابواب ہیں جن میں سوانحی نقوش مثلاً آپ کی ابتدائی پرورش، تعلیمی اسفار، مدارس میں تعلیمی مراحل اور جامعہ مظاہر علوم اور دارالعلوم دیوبند

میں تحصیل علم، دیگر اکابر سے خصوصی استفادہ، شعبہ خطاطی کے اساتذہ سے استفادہ، وغیرہ کا تذکرہ ہے۔ اس کے علاوہ جب دارالعلوم کی تقسیم کا قضیہ نامرضیہ پیش آیا تو پھر آپ نے اپنے لیے حکیم الاسلام قاری محمد طیب صاحب کے کارواں کو منتخب کیا اور تا حیات قاری محمد طیب صاحب رحمۃ اللہ علیہ اور ان کے خلف الرشید حضرت مولانا محمد سالم صاحب حضرت مولانا محمد اسلم صاحب اور خانوادۂ کشمیری کے چشم وچراغ رئیس المحدثین علامہ انظر شاہ کشمیری اور حضرت مولانا احمد خضر شاہ کشمیری کے رفیق کارواں رہے اور ان کے قائم کیے ہوئے مشن کے فروغ کو اپنا نصب العین بنالیا۔ اس کے علاوہ اس جلد میں دارالعلوم وقف دیوبند میں آپ کی خدمات کا بھرپور تذکرہ بھی ہے اور بخاراو سمرقند کے سفر کی روداد بھی ہے؛ اہم تلامذہ اور ملی تنظیموں مثلاً امارت شرعیہ پٹنہ، مسلم پرسنل لا بورڈ، اسلامک فقہ اکیڈمی سے وابستگی کا بھی تذکرہ ہے۔

آپ کی گھریلو زندگی کیسی تھی؟ بیماری کے پانچ سال کس صبر وثبات کے ساتھ گزارے۔ اس کے احوال بھی درج ہیں۔

تصنیفات و تراجم کا بھی تذکرہ ہے؛ نثر کے نمونے بھی دیے گئے ہیں۔ آپ کی سرپرستی میں جو ادارے قائم ہیں؛ ان کی تفصیل بھی دی گئی ہے اور آپ کے اوصاف حمیدہ پر بھی روشنی ڈالی گئی ہے۔ جس میں خاص طور پہ آپ کی وسیع المشربی، کشادہ چشمی، مسلکی تصلب کے باوجود عوام میں مسلکی گفتگو سے احتراز، غم خواری، کشادہ دستی اور تعاون و ایثار، اختلاف میں آداب کو ملحوظ رکھنا، بلند حوصلگی، خرد نوازی، حوصلہ افزائی، بے تکلفی جیسی صفات کو خاص طور پہ اہمیت دی گئی ہے اور اخیر میں کچھ یادگار دستاویزات کو ذکر کیا گیا ہے۔

جبکہ جلد دوم مقالات کا مجموعہ ہے، یہ وہ مقالات ہیں جو حضرت کی وفات کے فورا

بعد اکابر اہل علم کی طرف سے لکھے گئے تھے۔ انہیں خوبصورتی کے ساتھ مرتب انداز میں جمع کیا گیا ہے۔ دوسری جلد کی خوبی پہلی جلد سے بالکل الگ ہے۔ دوسری جلد میں آپ کو رنگارنگ قلم اور زبان و ادب کے رنگارنگ شہپارے ملیں گے۔ ہر شخصیت کے اپنے تاثرات ہیں اور اپنا رنگ و ترنگ ہے۔ ان تاثرات کو پڑھ کر زندگی کے نقوش روشن ہوں گے۔ بہت کچھ سیکھنے کو ملے گا۔

اس دوسری جلد میں باب اول احباب و معاصرین سے متعلق تحریروں پر مشتمل ہے۔ باب دوم تلامذہ کی تحریریں ہیں۔ تیسرے باب میں محبین و متعلقین کی تحریریں ہیں اور آخری باب میں منظوم خراج عقیدت کو جگہ دی گئی ہے۔ کل ملا کر یہ کتاب قابل تعریف اور لائق مطالعہ ہے۔ سوانحی ادب اور اکابر کے علوم فنون سے دلچسپی رکھنے والے ہر صاحب علم کے مطالعے میں یہ کتاب رہنی چاہیے اس کے علاوہ چند مقتدر شخصیات پہ حضرت مولانا اسلام قاسمی صاحب نے جو تحریریں لکھی تھیں انہیں اس کتاب میں جمع کر دیا گیا ہے۔

یہ کتاب کل ۲۰۳ صفحات پر مشتمل ہے۔ اس میں محاسن سجاد، حضرت مولانا منت اللہ رحمانی، حکیم الاسلام قاری طیب صاحب، مفتی عتیق الرحمن عثمانی، قاضی مجاہد الاسلام قاسمی، مفتی ظفیر الدین مفتاحی، مسیح الامت حضرت مولانا مسیح اللہ خان، حضرت مولانا انظر شاہ کشمیری، حضرت مولانا نعیم صاحب دیوبندی، حضرت مولانا شیخ یونس صاحب مظاہری جونپوری، حضرت مولانا اسلم صاحب، شیخ اکرام علی بہاگلپوری، حضرت مولانا عبدالحنان بالاساتھ، حضرت مفتی فضیل الرحمن عثمانی، حضرت مولانا محمد قاسم مظفرپوری مولانا اسرار الحق قاسمی، مولانا غلام نبی کشمیری، مفتی انوار الحق قاسمی، مولانا حسن باندوی و دیگر بعض شخصیات کا تذکرہ ہے۔ حضرت مولانا اسلام صاحب کے قلم سے نکلنے والی یہ

تحریریں ایک الگ قسم کا مزہ دیتی ہیں اور سوانحی ادب کا شاہکار ہمارے سامنے آتا ہے۔ اس کے علاوہ مقالات حکیم الاسلام نامی کتاب حکیم الاسلام حضرت مولانا قاری محمد طیب صاحب مہتمم دارالعلوم دیوبند کے حکمت ریز منتخب مضامین کا مجموعہ ہے، جنہیں مولانا اسلام قاسمی صاحب نے جمع کیا ہے اور مرتب کیا ہے۔ جس میں حضرت حکیم الاسلام کی حکمت اور آپ کی خداداد صلاحیت اور مختلف احکام کی روح اور ان کی حکمتوں تک پہنچنے کی خاص صفت کی جلوہ گری ہے۔ "دار العلوم دیوبند کی ایک صدی کا علمی سفرنامہ" یہ وہ کتاب ہے جو اجلاس سالہ کے موقع پر مرتب کی گئی تھی؛ اس میں دارالعلوم دیوبند کے حوالے سے تمام اہم اور ضروری باتیں جمع کر دی گئی ہیں۔

نگارشات اسلام" کے نام سے جو کتاب مولانا بدرالاسلام نے مرتب کی ہے، ماشاءاللہ اس میں حضرت مولانا اسلام قاسمی صاحب نے قرآنیات، حدیث، سیرت رسول اسی طرح دارالعلوم دیوبند و متعلقات، ملی مسائل، سیاسی مسائل، ذاتی زندگی، اسفار وغیرہ سے متعلق جو کچھ بھی الگ الگ اوقات میں تحریریں لکھی تھی انہیں یکجا کر دیا ہے۔ یہ کتاب بھی خاصے کی چیز ہے۔ الحاصل اس پورے سیٹ کی ہر کتاب اپنی جگہ جداگانہ شناخت اور ممتاز حیثیت رکھتی ہے۔ ہر گل را رنگ و بوئے دیگر است۔

دعاء ہے کہ اللہ تعالی ان کے علمی کاوشوں کو قبول فرمائے اور ان کے ذریعے ان کے والد گرامی کی چھوڑی ہوئی وراثت کو پوری امت تک پہنچائے۔ یہ خدمات ان کے اور ان کے مرحوم والد کے لیے ذخیرہ آخرت بنیں اور اللہ کا فضل و کرم ہر حال ان کی دستگیری فرمائے۔ آمین۔

***

مدارس اسلامیہ: ضرورت اور تقاضے

مفتی محمد ثناء الہدیٰ قاسمی

آج جبکہ پوری دنیا میں تعلیم نے صنعت و تجارت کی حیثیت حاصل کرلی ہے، مدارس اسلامیہ متوسط اور غریب خاندان کے لڑکے لڑکیوں کی تعلیم کا واحد ذریعہ ہیں ، یہاں لیا نہیں؛ بلکہ سب کچھ دیا جاتا ہے، تعلیم بھی، تربیت بھی، کتابیں بھی، خوراک بھی ، رہائش بھی، کپڑے بھی، سب کچھ مفت۔ مدرسوں کی کوئی مستقل ذریعہ آمدنی نہیں ہوتی، یہاں کا بجٹ آمدنی کے بعد نہیں بنتا؛ بلکہ اللہ کے فضل اور اہل خیر کے ذریعہ دی جانے والی رقم کی موہوم امید اور توقعات پر بنا کرتا ہے ، یہاں کے اساتذہ معمولی تنخواہوں پر کام کرتے ہیں اور صرف یہی وہ لوگ ہیں جو اپنی صلاحیتیں فروخت نہیں کرتے، دنیاوی اجرت کا تصور نہیں رکھتے؛ بلکہ اجر خداوندی کی امید پر کام کرتے ہیں، ان کی امیدیں اللہ سے لگی ہوتی ہیں ، ان کے مقاصد جلیل اور آرزوئیں قلیل ہوتی ہیں ، رمضان المبارک اور دوسرے موقع سے یہ اہل خیر سے رابطہ کرتے ہیں ، چھوٹی بڑی رقمیں وصول کرلاتے ہیں، جس سے مدارس اسلامیہ کا یہ سارا نظام چلا کرتا ہے۔

امیر شریعت سادس حضرت مولانا سید نظام الدین صاحبؒ فرمایا کرتے تھے کہ اپنے تعلیمی نظام کو خیرات زکوٰۃ پر منحصر نہیں کرنا چاہئیے، اپنی اصل آمدنی میں سے بھی اس کام کے لئے نکالنا چاہیے؛ لیکن واقعہ یہی ہے کہ عطیات کی مختصر رقم کو چھوڑ کر اب تک

مدارس اسلامیہ کا سارا تعلیمی نظام مسلمانوں کے خیرات زکوۃ پر ہی منحصر ہے۔

چھوٹے مدارس کی اہمیت بھی کم نہیں ہے، یہ مسلم سماج میں اسلامی تعلیم و تربیت اور اعلیٰ اخلاقی اقدار کے فروغ کے لئے "لائف لائن" کی حیثیت رکھتے ہیں، مسلم سماج کے جسم و جان میں اسلامی حمیت و غیرت اور دینی تعلیم و تربیت کا جو خون گردش کرتا ہے ،وہ سب انہیں مدارس اسلامیہ کی دین ہیں، بنیادی دینی تعلیم جس کا حصول ہر مسلمان پر فرض ہے، اس کی تکمیل ان اداروں کے ذریعہ ہی ہوتی ہے۔

یہی وجہ ہے کہ ہر دور میں اکابر علماء نے اس کی ضرورت و اہمیت بیان کر کے لوگوں کی توجہ اس طرف مبذول کرائی ہے۔ حکیم الامت حضرت مولانا اشرف علی تھانویؒ فرماتے ہیں: اس میں ذرا شبہ نہیں کہ اس وقت مدارس علوم دینیہ کا وجود مسلمانوں کے لئے ایسی بڑی نعمت ہے کہ اس سے فوق (بڑھ کر) متصور نہیں دنیا میں اگر اسلام کے بقاء کی کوئی صورت ہے تو یہ مدارس ہیں" (حقوق العلم: ۵۱) حضرت مولانا مناظر حسن گیلانیؒ کی رائے ہے کہ "یہی کھفی مدارس تھے، جنہوں نے مسلمانوں کے ایک طبقہ کو خواہ ان کی تعداد جتنی بھی کم ہے، اعتقادی اور اخلاقی گندگیوں سے پاک رکھنے کی کامیاب کوشش کی ہے،" (الفرقان، افادات گیلانی)

علامہ سید سلیمان ندویؒ فرماتے ہیں: "یہ مدارس جہاں بھی ہوں جیسے بھی ہوں، ان کا سنبھالنا اور چلانا مسلمانوں کا سب سے بڑا فریضہ ہے اگر ان عربی مدرسوں کا کوئی فائدہ نہیں تو یہی کیا کم ہے کہ یہ غریب طبقوں میں مفت تعلیم کا ذریعہ ہیں اور ان سے فائدہ اٹھا کر ہمارا غریب طبقہ کچھ اور اونچا ہوتا اور اس کی اگلی نسل کچھ اور اونچی ہوتی ہے اور یہی سلسلہ جاری رہتا ہے، غور کی نظر اس نکتہ کو پوری طرح کھول دے گی"

حضرت مولانا ابوالحسن علی ندویؒ نے فرمایا:

"مدرسہ سب سے بڑی کار گاہ ہے، جہاں آدم گری اور مردم سازی کا کام ہوتا ہے، جہاں دین کے داعی اور اسلام کے سپاہی تیار ہوتے ہیں، مدرسہ عالم اسلام کا وہ بجلی گھر (پاور ہاؤس) ہے جہاں سے اسلامی آبادی؛ بلکہ انسانی آبادی میں بجلی تقسیم ہوتی ہے، مدرسہ وہ کارخانہ ہے، جہاں قلب و نگاہ اور ذہن و دماغ ڈھلتے ہیں، مدرسہ وہ مقام ہے جہاں سے پوری کائنات کا احتساب ہوتا ہے اور پوری انسانی زندگی کی نگرانی کی جاتی ہے" (پاجاسراغ زندگی:۹۰)

حضرت امیر شریعت سابع مولانا محمد ولی رحمانی دامت برکاتہم کا ارشاد ہے:

"مدرسہ آپ کے دین و ایمان کی جگہ ہے، یہ آپ کی دنیا و آخرت ہے، مدارس اسلامیہ کو تقویت پہونچائی جائے، دین اسلام کی بقاء انہیں مدارس اسلامیہ کے استحکام سے ہے، علماء اور مدرسوں پر غلط تبصرہ کرنے سے گریز کریں،(مدرسہ رحمانیہ سپول کے اجلاس سے خطاب) آپ نے مدارس اسلامیہ کے سلسلے میں اکابر کے ارشادات و افادات کا مطالعہ کرلیا ایسے میں ہماری ذمہ داری ہے کہ ان اداروں کی فکر کریں اور موجودہ پریشان کن حالات سے نکالنے میں ان کی مدد کریں۔

اہل خیر حضرات کو عطیات کی رقم سے اپنے اپنے علاقوں میں علماء، ائمہ مساجد، مؤذنین اور مدارس کے اساتذہ کے لئے بھی دست تعاون دراز کرنا چاہیے، البتہ اس کا خیال رکھنا چاہئے کہ ان کی عزت نفس کو ٹھیس نہ پہونچے، یہ بدگمانی بالکل نہ پھیلائی جائے کہ مہتمم صاحبان رکھ لیں گے، اور ان کے اندر ایمانداری کی کمی ہے بعض سر پھرے سوشل میڈیا پر اس قسم کے بیانات دیتے رہتے ہیں، اس سے بدگمانی کا دروازہ کھلتا ہے، حالاں کہ عمومی احوال ایسے نہیں ہیں، ہماری کمزوری یہ ہے کہ ہم اکا دکا واقعات کو کلیہ بنا کر پیش کرتے ہیں، علمی اصطلاح میں کہیں تو کہا جاسکتا ہے کہ قیاس استثنائی کو قیاس

استقرائی کا درجہ دینا ہماری فطرت بن گئی ہے، یہ ٹھیک ہے کہ پوری دیگ کے چاول کے پکنے کا اندازہ دوچار دانوں کو مسل کر لگایا جاسکتا ہے؛ لیکن روٹی میں یہ فارمولہ نہیں چلے گا، تمام روٹی کے کچی اور پکی ہونے کی بات ایک روٹی کو دیکھ کر نہیں کہی جاسکتی۔

اگر یہ مدارس نہیں رہے تو کیا ہو گا، وہ علامہ اقبال سے سنئے فرماتے ہیں۔!—

"اگر ہندوستان کے مسلمان ان مکتبوں کے اثر سے محروم ہو گئے تو بالکل اسی طرح جس طرح ہسپانیہ میں مسلمانوں کی آٹھ سو برس کی حکومت کے باوجود آج غرناطہ اور قرطبہ کے کھنڈرات اور الحمراء اور باب الاخوتین کے سوا اسلام کے پیروؤں اور اسلامی تہذیب کے آثار کا کوئی نقش ہی نہیں ملتا ہندوستان میں بھی آگرہ کے تاج محل اور دلی کے لال قلعہ کے سوا مسلمانوں کی آٹھ سو برس کی حکومت اور ان کی تہذیب کا کوئی نشان نہیں ملے گا"

***

اردو 'کٹھ ملاّ' کی نہیں آنند نارائن 'ملاّ' کی زبان ہے

معصوم مرادآبادی

اردو سے متعلق یوپی کے وزیر اعلیٰ یوگی آدتیہ ناتھ کا وہ بیان آج کل سرخیوں میں ہے، جس میں انہوں نے اردو کو 'کٹھ ملّوں' کی زبان قرار دیا ہے۔ اپوزیشن نے جب ایوان کی کارروائی میں دیگر زبانوں کے ساتھ اردو کو بھی شامل کرنے کا مطالبہ کیا تو وزیر اعلیٰ بھڑک اٹھے۔ انھوں نے اپنے عہدے کے وقار کو پس پشت ڈال کر کہا ہے "اردو پڑھ کر لوگ کٹھ ملا اور مولوی بنتے ہیں، ہم ایسا نہیں ہونے دیں گے۔" یوگی آدتیہ ناتھ نے یہ بیان اسی لکھنؤ میں دیا ہے، جہاں کسی زمانے میں اردو کا جادو سر چڑھ کر بولتا تھا۔ جہاں ہندوؤں اور مسلمانوں نے اس زبان کو اپنے خون جگر سے سینچا تھا۔ حالانکہ آج صورتحال ویسی نہیں ہے، لیکن لکھنؤ کو آج بھی تہذیب و شائستگی کا شہر اسی لیے کہا جاتا ہے کہ اس کے در و دیوار میں اردو زبان اور اس کے کلچر کی بوباس موجود ہے۔

ریاست اتر پردیش کے وزیر اعلیٰ یوگی آدتیہ ناتھ نے اردو کا نام سن کر جو کچھ کہا، وہ دراصل ان کی ذہنیت کی بھرپور عکاسی ہے۔ جب اپوزیشن لیڈر ماتا پرشاد پانڈے نے مطالبہ کیا کہ انگریزی کی بجائے اردو کو ایوان کی زبان بنایا جائے تو اس پر وزیر اعلیٰ یوگی

آدتیہ ناتھ نے بہت تیکھے تیور میں کہا کہ "سماجوادی پارٹی کے لوگ اپنے بچوں کو انگریزی اسکول میں پڑھائیں گے اور دوسروں سے کہیں گے کہ اپنے بچوں کو اردو پڑھاؤ، یہ لوگ انھیں کٹھ ملا اور مولوی بنانا چاہتے ہیں، لیکن اب یہ نہیں چلے گا۔"

ہمیں وزیر اعلیٰ کے منہ سے 'کٹھ ملا' کا لفظ سن کر اردو کے شاعر اور اور ادیب جسٹس آنند نارائن 'ملا' بہت یاد آئے، جنھوں نے ایک بار کہا تھا کہ "اردو میری مادری زبان ہے، میں اپنا مذہب چھوڑ سکتا ہوں مگر مادری زبان نہیں چھوڑ سکتا۔"

آنند نارائن ملا اسی لکھنؤ میں پیدا ہوئے تھے، جہاں وزیر اعلیٰ یوگی نے اردو کے خلاف بیان دیا ہے۔ ہمیں نہیں معلوم کہ وزیر اعلیٰ یوگی آدتیہ ناتھ نے ان کا نام سنا ہے یا نہیں؟ اگر یوگی جی ان سے واقف ہوتے تو یقینا اردو سے متعلق اتنی شدت پسندی کا مظاہرہ نہیں کرتے، کیونکہ اردو کے شیدایوں میں میر انیس اور میر دبیر کے ساتھ پنڈت دیا شنکر نسیم اور برج نارائن چکبست بھی ہیں۔ علی سکندر جگر مرادآبادی کے ساتھ رگھوپتی سہائے فراق گورکھپوری بھی ہیں۔ منشی پریم چند اور کرشن چندر بھی ہیں۔ یہ وہ لوگ ہیں جنھوں نے اس گنگا جمنی تہذیب کو پروان چڑھایا ہے جس کے ساحل پر آج کل صدی کا سب سے بڑا کمبھ اشنان ہو رہا ہے۔

آگے بڑھنے سے پہلے ہم جسٹس آنند نارائن ملا کے بارے کچھ اور آپ کو بتانا چاہیں گے۔ ہم نے انھیں کئی بار یہاں دہلی میں دیکھا اور سنا ہے۔ وہ کشمیری الاصل تھے، لیکن ان کے اجداد لکھنؤ آکر بس گئے تھے اور یہیں پنڈت جگت نارائن ملا کے یہاں ۲۴/ اکتوبر۱۹۰۱ کو ان کی پیدائش ہوئی۔ قابل ذکر بات یہ ہے کہ پنڈت آنند نارائن ملا کی ابتدائی تعلیم 'فرنگی محل' میں ہوئی جو ایک مدرسہ تھا۔ ان کے استاد کا نام برکت اللہ فرنگی محلی تھا۔ اس کے بعد انھوں نے قانون کی تعلیم حاصل کی اور ۱۹۵۵ میں لکھنؤ ہائی کورٹ

کے جج مقرر ہوئے۔ بطور جج ان کا وہ تبصرہ بہت مشہور ہوا تھا جس میں انھوں نے کہا تھا کہ "پولیس، جرائم پیشہ لوگوں کا سب سے منظم گروہ ہے۔"

جسٹس آنند نارائن ملا نے سبکدوشی کے بعد سیاست میں قدم رکھا اور ۱۹۶۷ کے لوک سبھا الیکشن میں لکھنؤ سے آزاد امیدوار کے طور پر کامیاب ہوئے۔ بعد ازاں ۱۹۷۲ میں راجیہ سبھا کے ممبر منتخب ہوئے۔ وہ انجمن ترقی اردو ہند کے صدر بھی رہے۔ ان کا انتقال ۱۲/ جون ۱۹۹۷ کو دہلی میں ہوا۔

جسٹس آنند نارائن ملا کے تعارف میں یہ سطریں ہم نے اس لیے لکھی ہیں کہ وزیر اعلیٰ یوگی آدتیہ ناتھ یہ جان سکیں کہ اس ملک میں اردو زبان اور تہذیب کی نمائندگی صرف 'مسلمان' ہی نہیں کرتے بلکہ وہ لوگ بھی کرتے ہیں جو اعلیٰ ذات کے ہندو تھے اور وہ اپنی مادری زبان اردو کی خاطر اپنا مذہب چھوڑنے تک کو تیار تھے۔ آنند نارائن ملا کی تعلیم بھی ایک مدرسے میں ہوئی تھی جو یوگی جی کی نگاہ میں شدت پسندوں کی آماجگاہ ہے۔ اگر مدرسوں میں شدت پسندی کی تعلیم دی جاتی تو وہاں سے آنند نارائن ملا جیسا روشن خیال انسان پیدا نہیں ہوتا۔

ضرورت اس بات کی ہے یوگی جی اپنی ریاست کی گنگا جمنی تہذیب اور تاریخ کا مطالعہ کریں۔ انھیں دور جانے کی ضرورت نہیں۔ اسی لکھنؤ میں منشی نول کشور بھی ملیں گے، جنھوں اپنی تمام زندگی اردو اور فارسی زبان کو فروغ دینے میں گزاری۔ نول کشور نے اردو اخبار ہی شائع نہیں کیا بلکہ اردو اور فارسی کی سیکڑوں کتابیں اپنے مطبع سے شائع کیں۔ اتنا ہی نہیں انھوں نے قرآن پاک بھی شائع کیا۔ جب ان کے پریس میں قرآن پاک کی طباعت ہوتی تو اس کے تقدس کا اتنا خیال رکھا جاتا تھا کہ مشینوں سے گزرنے والا پانی نالی میں نہ جانے پائے بلکہ اسے کسی دوسری دوسری جگہ محفوظ کیا جائے۔

ظاہر ہے یہ مذہبی ہم آہنگی اور خیر سگالی اس دور کی بات ہے جب یہاں سب کچھ ٹھیک ٹھاک تھا اور ذہنوں میں فرقہ واریت نے ڈیرے نہیں جمائے تھے۔ یوگی جی دراصل جس سیاسی نظریہ کے ترجمان ہیں، اس میں مذہبی منافرت بنیادی عنصر ہے۔ اگرچہ وہ خود ایک مذہبی شخص ہیں اور زعفرانی لباس بھی زیب تن کرتے ہیں، لیکن جہاں کہیں مسلمانوں اور اردو زبان کا ذکر آتا ہے، وہاں ان کی تیوریاں چڑھ جاتی ہیں۔ جس وقت وہ اسمبلی کی کارروائی میں اردو کو شامل کرنے کی مخالفت کررہے تھے تو انھوں نے اس حقیقت کو فراموش کر دیا تھا کہ ابھی پچھلے ہی ہفتہ ملک کی پارلیمنٹ میں خود اسپیکر اوم بڑلا نے یہ اعلان کیا ہے کہ پارلیمنٹ کی کارروائی میں اردو کو بھی شامل کیا جارہا ہے۔

اوم برلا نے کہا تھا کہ "اب بوڈو، ڈوگری، میتھلی، منی پوری، سنسکرت اور اردو زبان میں پارلیمنٹ کی کارروائی کا اردو ترجمہ ہوگا۔" حالانکہ پارلیمنٹ میں پہلے ہی سے اردو میں کام ہوتا ہے اور وہاں باقاعدہ اس کا عملہ موجود ہے، لیکن اسپیکر نے یہاں اردو کا نام لینا ضروری سمجھا۔ جبکہ یوپی کے وزیر اعلیٰ یوگی آدتیہ ناتھ نے ایوان کی کارروائی میں انگریزی کی جگہ اردو کو شامل کئے جانے کے مطالبہ پر اتنا شدید ردعمل ظاہر کیا کہ اس سے اردو کے تئیں ان کی مخاصمت پوری طرح عیاں ہوگئی۔

یوپی اسمبلی میں اردو زبان کی مخالفت کوئی نئی بات نہیں ہے۔ کئی بار ایسا ہوا ہے کہ یہاں اردو میں حلف لینے کا مطالبہ کرنے والے ممبران اسمبلی کو اس سے باز رکھنے کی کوشش کی گئی ہے اور یہ معاملہ عدالت تک پہنچا ہے۔ آپ کو یاد ہوگا کہ ۱۹۸۹ میں جب آنجہانی وزیر اعلیٰ نارائن دت تیواری نے ریاست میں اردو کو ریاست کی دوسری سرکاری زبان بنانے کا بل پیش کیا تھا تو اس کی کتنی شدید مخالف ہوئی تھی۔ خود ان کی کابینہ کے ایک وزیر واسودیو سنگھ نے اردو کے خلاف تقریر کی تھی۔ اس موقع پر بدایوں میں فساد

بھی پھوٹ پڑا تھا اور درجنوں بے گناہ افراد ہلاک ہوئے تھے۔ اس فساد کی وجہ دراصل زعفرانی عناصر کا اردو مخالف احتجاج تھا جس میں نعرہ لگایا گیا تھا کہ "اردو تھوپی لڑکوں پر تو خون بہے گا سڑکوں پر۔" میں نے اس فساد کی چشم دید رپورٹنگ کی تھی۔

بی جے پی کے اقتدار والی ریاستوں میں اس وقت اردو بستر مرگ پر ہے۔ مدھیہ پردیش کے وزیر اعلیٰ موہن یادو نے اعلان کیا ہے کہ وہ ایسے تمام گاؤوں کے نام تبدیل کررہے ہیں، جو اردو میں ہیں۔ دوسری طرف راجستھان میں اردو اسکول بند کئے جارہے ہیں اور وہاں اردو کی جگہ سنسکرت ٹیچر بھرتی کئے جارہے ہیں۔ سہ لسانی فارمولے میں اردو کی جگہ سنسکرت کو شامل کرلیا گیا ہے۔ جبکہ ۲۰۱۱ کی مردم شماری کے مطابق ملک میں صرف ۷۳ ہزار لوگ ہی سنسکرت بولتے ہیں، جبکہ ۲۰۱۲ کی مردم شماری کے مطابق اردو بولنے والوں کی تعداد چھ کروڑ ہے، لیکن اس کے باوجود اردو کو تہہ تیغ کیا جارہا ہے۔

یہ دراصل خود ہماری بے حسی کا نتیجہ بھی ہے۔ اترپردیش میں ملائم سنگھ کے دور میں جن اردو اساتذہ اور مترجمین کی بھرتی ہوئی تھی، وہ دوسرے کام کررہے ہیں کیونکہ ہم اپنے بچوں کو اردو میڈیم اسکولوں کی بجائے انگلش میڈیم اسکولوں میں بھیج رہے ہیں۔ ہماری اس بے حسی نے ہی اردو کو اس مقام تک پہنچایا ہے۔ کاش ہم اپنے بچوں کو اردو پڑھا کر اپنی تہذیب اور ثقافت کو باقی رکھنے کے بارے میں سوچ سکیں۔ یہ لمحہ فکریہ ہے۔

***

جمہوریت: علمی، فکری و تاریخی حقائق

مفتی محمد ثناء الہدیٰ قاسمی

جمہوریت انگریزی لفظ ڈیموکریسی(Democracy)کا اردو ترجمہ ہے، جو یونانی زبان کے لفظ ڈیموس(Demos) اور کریٹوس (Kratos)سے مرکب ہے۔ ڈیموس(Demos)کے معنی ہیں عوام اور کریٹوس(Kratos)کے معنی ہیں طاقت، اس طرح جمہوریت کا مطلب ہوا عوام کی طاقت، لیکن عملاً اس پھیلی ہوئی دنیا اور بڑھتی ہوئی آبادی میں عوام کا براہِ راست اجتماعی طور پر حکومت میں حصہ لینا دشوار تھا، اس لیے(Democracy) کے ساتھ ایک دوسرا لفظ ری پبلک(Republic) بھی جوڑ دیا گیا، یہ اطالوی زبان کے رس پبلیکا (Res publica)سے ماخوذ ہے، جس کے معنی ہیں "ایسی طرز حکومت جس میں عوام براہِ راست حصہ نہ لیتے ہوں، بلکہ عوام کے منتخب نمائندے اس بار گراں کو اٹھا کر سماجی، ثقافتی، اور سیاسی استحکام کے لیے کوشاں ہوں۔ اس لیے اب اگر ہم جمہوریت کا لفظ بولتے ہیں تو اس سے مراد ڈیموکریسی (Democracy)کے ساتھ ساتھ ری پبلک(Republic)نظام حکومت بھی ہوتا ہے۔

تاریخی پس منظر

جمہوری نظام حکومت کی بنیاد کب سے پڑی، یہ ایک تحقیق طلب مسئلہ ہے تاہم اتنا

ضرور کہا جاسکتا ہے کہ تاریخ کے ابتدائی دور میں جب انسان پتھر اور تانبے کے دور سے نکل کر ایک منظم سماج کی تشکیل کر رہا تھا، تو سربراہ، قائد اور قبیلوں کے سرخیل کے انتخاب میں لاشعوری طور پر جمہوری طرز اختیار کرتا تھا۔ چنانچہ یونان کے علاقہ ایتھنس میں پانچویں صدی قبل مسیح میں ایسی جمہوریت کا پتہ چلتا ہے جس سے دس ہزار کی آبادی میں سے ایک تہائی یعنی تقریباً ساڑھے تین ہزار آدمی حکومت کے کاموں میں براہِ راست حصہ لیتے تھے۔ ویشالی جو جمہوریت کی جائے پیدائش ہے، وہاں کے ایوان میں سات ہزار سات سو ستہتر (۷۷۷۷) ارکان ہوا کرتے تھے۔

حکومت کی ارسطا طالیسی تقسیم :زمانہ قدیم میں قبل مسیح ہی سے عملاً شعوری طور جمہوریت قائم ہوگئی تھی، لیکن اسے کسی سیاسی نظریے کے طور پر قبول نہیں کیا جاسکا تھا، کیونکہ اس وقت معاشرہ اس قدر ترقی نہیں کر سکا تھا جو سیاسی اور سماجی طور پر کسی نظریے کی داغ بیل ڈالتا، بعد میں جب انسانی معاشرے نے کچھ ترقی کی اور سماج میں تہذیب وتمدن نے اپنا مقام حاصل کر لیا تو مشہور فلسفی ارسطو نے اپنی کتاب "سیاسیات" میں (۱)بادشاہت () (Royalty۲) شخصی حاکمیت() (Autocracy۳)طبقاتی حکومت (Oligarchy)اور (۴) پالیٹی (Polity) کا سیاسی نظریہ پیش کیا، جو اب تک کی سب سے قدیم اور شاید سب سے سادہ تقسیم ہے،اس سے قبل جمہوریت کا کوئی فکری تصور نہیں تھا۔

جمہوریت ایک سیاسی نظریہ

زمانے نے کچھ اور ترقی کی، یہاں تک کہ سترھویں صدی کا انقلاب آفریں دور آگیا، عیسائی مذہب کی دیواریں منہدم ہونی شروع ہوگئیں، پاپائیت اور شخصی آمریت کی اہمیت باقی نہ رہی، ظلم وتشدد کے خلاف سماجی وسیاسی شورشیں زور پکڑنے لگیں، اور اس آگ

کے شعلے مذہب کے دامن سے نکل کر سیاست کے دامن کو بھی اپنی لپیٹ میں لینے لگے، نیکولو میکاویلی(Niccolo Machiavelli)اور تھامس ڈیکن(Thomas Deacon)نے شخصی حکومت کی تابوت میں آخری کیل ٹھونکنے کے لیے جمہوریت کو سیاسی نظریے کے طور پر پیش کیا، خوش قسمتی سے اس نظریے کو اپنے ابتدائی دور میں ہی سر تھامس مور(Sir Thomas More) جیسے مفکر کی حمایت حاصل ہوگئی، جس نے اپنے مشہور و معروف کتاب "یو ٹوپیا"(Utopia) میں مثالی اشتراکیت (Ideal Socialism)اور جمہوری حکومت(Democratic State)کے نظریے پر عقلی اور منطقی دلائل کے انبار لگا دیے۔ نتیجہ یہ ہوا کہ انگلستان کے بادشاہ چارلس اوّل کے زمانے میں کرامویل کی قیادت میں ۱۶۸۸ میں انقلاب برپا ہوا اور پھر عوام نے فرانس اور جرمن حکومت کا تختہ الٹ کر اسے بھی جمہوریت کی آغوش میں دے دیا، مرور ایام کے ساتھ اس نظریے نے اتنا فروغ پایا کہ کہیں تو شاہوں نے برضا و رغبت گدی خالی کر دی اور کہیں عوام نے جبراً تخت نشیں کو خاک نشیں بنا کر اپنا تسلط قائم کر لیا۔

جمہوریت کی تعریف

ابراہیم لنکن(Abraham Lincoln)نے جمہوریت کی تعریف کرتے ہوئے لکھا ہے کہ "عوام کی حکومت جو عوام کے ہاتھوں اور عوام کے لیے ہو(Of the people, by the people, for the people) کو جمہوریت کہتے ہیں۔ صاحبِ فیروز اللغات نے جمہوریت کی تعریف کرتے ہوئے لکھا ہے کہ "جمہوریت وہ نظام حکومت ہے جس میں عوام کے انتخاب کی بناء پر کسی کو حاکم مقرر کر لیا گیا ہو اور وہی شخص عوام کے سامنے جوابدہ ہو"۔

جمہوریت کے اجزاءِ ترکیبی

مختلف ماہرین سیاسیات نے جمہوریت کے مختلف اجزاء ترکیبی بیان کیے ہیں، لیکن ان تمام میں دواجزاء مشترک ہیں،ایک سیکولرزم اور دوسرا نیشنلزم،سیکولرزم کے معنی لادینی، غیر مذہبی، خدابیزاری کے ہیں، اوراصطلاح میں سیکولرزم ایسے رجحان کو کہا جاتا ہے جس کا تعلق سیاسی اور سماجی اداروں میں، مذہبی معتقدات اور مابعد الطبعی تصورات پر مبنی نہ ہوں، اس کا دوسرا اجزء نیشنلزم ہے جو مساوات، انقلابی اور قومی نظریہ کے مترادف ہے۔ ان کے علاوہ آج کے ترقی پذیر دور میں مغربی جمہوریت کے کچھ اور اجزاء ترکیبی امیدواری (Candidating) ورغلانا(Canvincing)پروپیگنڈہ، رائے دہندگی(Voting)اور کثرت رائے (Majority) نکل آئے ہیں جو جمہوریت کے بازار میں سکہ رائج الوقت کی طرح چلتے ہیں۔

جمہوریت نے کیادیا؟

ابتداء میں جمہوریت کا نظریہ شخصی حاکمیت کے مقابلے میں پیش کیا گیا تھا، جس کے معنی یہ تھے کہ خاندان کے کسی ایک فرد کو لاکھوں اور کروڑوں انسانوں پر حکومت کرنے کا کوئی حق نہیں، تمام انسان برابر ہیں، ان میں سے ہر ایک کی اپنی انفرادی اہمیت ہے، جب کہ شخصی حکومت میں انفرادی حیثیت غلامی میں تبدیل ہوجاتی ہے، اس لیے انسانیت اور انفرادی اہمیت کی از سرنو بحالی کے لیے ایک ہی راستہ تھا کہ جمہوریت کو فروغ دیاجائے؛ تاکہ انسان کی حیثیت صرف ایک خارجی شئے کی نہ رہ جائے؛ بلکہ اسے سماجی، سیاسی اور شہری حقوق بدرجہ اتم حاصل ہوں، وحشی مادی قوتوں اور بہیمانہ خاصیتوں کا زوال ہو، اور انسان انسانیت کی ڈگر پر آگے بڑھ سکے، اقتصادیات میں قومی دولت کو اتنا فروغ مل جائے کہ ملک کی ساری آبادی کو ایک معقول زندگی بسر کرنے کا موقع ہاتھ آسکے اور دولت کی تقسیم کا ایسا معقول انتظام ہو کہ سرمایہ دار اور مزدور کی طبقاتی کشمکش

ختم ہو اور ہر ایک کو معیاری زندگی گزارنے کے اسباب مہیا کرائے جاسکیں۔

لیکن بد قسمتی سے ایسا نہ ہو سکا، جمہوریت کے تانے بانے بھی ان مسائل کو حل کرنے میں تار عنکبوت ثابت ہوئے، آج دنیا دیکھ رہی ہے کہ جن خطرات سے بچنے کے لیے اتنے پاپڑ بیلے گئے تھے وہ سب خواب وخیال بن کر آرزوؤں کی چتا پر بے گور وکفن پڑے ہوئے ہیں، اس کے بر عکس قومیت و وطنیت کے جھگڑے نے آج سارے عالم کو اپنی لپیٹ میں لے لیا ہے، اور آمریت خم ٹھونک کر میدان میں آگئی ہے، استعماریت نے اپنے خونی پنجے انسانیت کی شہ رگ میں اتارنا شروع کر دیا ہے، طبقاتی کشمکش اور غریبی امیری کی خلیجیں اتنی گہری ہوگئی ہیں کہ شاید مدتوں تک انہیں پاٹا نہ جاسکے۔ اور اس طرح دنیا دو عالمگیر جنگوں کی تباہ کاریوں کے بعد تیسری جنگ کے دہانے پر کھڑی ہوئی ہے، نیوکلیائی ہتھیاروں اور ایٹمی توانائی کے اس دور میں جس کا روکنا شاید ممکن نہ ہو۔

غلطی کہاں ہوئی؟

جمہوریت میں جہاں تک شخصی حاکمیت کے ختم کرنے کا تصور ہے وہ اپنی جگہ نہ صرف درست بلکہ لائق ستائش ہے، ہمیں اس سے بھی انکار نہیں کہ جمہوریت کی دعوت ایک ایسی دعوت ہے، جو عام انسانی سوسائٹی کی عالمی انسانی تنظیم کے لیے کوشش کرتی ہے، ہمیں یہ بھی علم ہے کہ جمہوریت افراد اور قوموں کے درمیان بلا تفریق تمام نوع انسان کی بھلائی اور خوش حالی کے لیے کوشاں ہے، اگر بات اتنی ہی ہوتی تو اس سے انسانیت کو درپیش چیلنج کا حل بآسانی ہو سکتا، لیکن بات یہیں پر ختم نہیں ہوتی ہے، بلکہ شخصی حکومت کے عدم سے ایک وجود اور نہیں سے "ہے" نے جنم لے لیا ہے۔ جو بنیادی طور پر غلط ہے، عوام کی حکومت اور قانون سازی کا حق (Right to Rule) عوام کو دیدینا یہ جمہوریت کی اتنی بڑی خرابی ہے جس نے اس کے تمام اصلاحی اقدامات اور

انقلابی افکار کو منجمد کر دیا ہے، جب سنگ بنیاد ہی ٹیڑھی ہو تو دیوار کے سیدھے ہونے کا سوال ہی کہاں پیدا ہوتا ہے، یہی وہ مقام ہے جہاں جمہوریت کے بانیوں اور داعیوں نے شدید ٹھوکریں کھائی ہیں وہ یہ بھول گئے کہ یہ نظریہ انسان پر انسان کی برتری کو تسلیم کرتا ہے اور یہی ملوکیت کی دوسری شکل ہے، انھیں یہ بھی خیال نہیں رہا کہ جب قانون سازی کا حق عوام کو دے دیا جائے گا تو ہر قوم اپنے مفادات اور حالات کے اعتبار سے قوانین بنائے گی اور اگر یہ کام مجلس قانون ساز کے ذمہ بھی کر دیا جائے گا تو بھی اس کے ارکان اپنے کو ذات پات کے حدود، قبائلی، علاقائی، لسانی، اور جغرافیائی حصار سے الگ نہیں کر سکیں گے، نتیجتاً ایسا قانون کبھی بن ہی نہیں سکے گا جو تمام طبقے کے لیے موزوں اور مناسب ہو، کہیں ایک جمہوریت دوسری جمہوریت سے ٹکرا جائے گی، اور کہیں فرد کی بے لگام آزادی افکار و عمل کی ہم آہنگی کو پارہ پارہ کر دے گی اور اگر بالفرض ایسا نہ بھی ہو سکا تو بھی مغربی جمہوریت میں قومیت کا عنصر اتنا غالب ہے کہ وہ پوری عالم انسانیت کو ایک رشتے میں کبھی بھی منسلک نہیں ہونے دے گی۔ اور انسان کبھی بھی جاہلیت کے قومی تعصب اور نسلی امتیاز کے ریشمی قبا کو چاک نہیں کر سکے گا اور جب تک تعصب کی یہ چادر باقی رہے گی امن وشانتی کی تمام تدبیریں ریت کی دیواروں کی طرح ہباءً منثورہ ہوتی رہیں گی۔

شخصی حاکمیت کا نعم البدل:

ان حالات میں آج دنیا کو ایک ایسے نظام حکومت کی ضرورت ہے، جو مندرجہ بالا خرابیوں سے پاک وصاف ہو، اور وہ صرف اسلامی نظام حکومت ہے، اسلام بنیادی طور پر قانون سازی کا حق (Right to Rule) ایک ایسے قادر مطلق کے لیے ثابت کرتا ہے، جس کے نزدیک امیر، غریب، عورت، مرد، کالے، گورے، شیعہ، سنّی، عرب و عجم،

یونانی تورانی سب کے سب برابر ہیں، اس کے نزدیک نہ تو طبقاتی کشمکش ہے اور نہ اپنے حقوق محفوظ رکھنے کا کوئی سوال، وہ جمہوریت کا قائل ہے، لیکن ایسی جمہوریت کا نہیں جو تمام دنیا کو خونی آماجگاہ بنادے، بلکہ وہ اپنی حکومت انسانوں کی فلاح وبہبود کے لیے انسانوں کے ہاتھوں سے چلواتا ہے۔

گویا کہ اسلام کے نظریہ سیاسی میں عوامی حکومت(Government of the People) کے بجائے خدائی حکومت(Government of The God) کا تصور غالب ہے اوراسی لیے اس نے انسانوں کو روئے زمین پر اپنا خلیفہ بنایاہے، خدائی قانون کے علاوہ کسی بھی انسانی قوانین کو وہ جھوٹ ، کذب، اور بہتان طرازی سے تعبیر کرتا ہے۔ وہ تمام دنیا کے لوگوں کو ایک قانون اوراٹل دستور کا پابند کرنا چاہتا ہے اور تمام غیر خدائی قوانین سے گریز کا حکم دیتا ہے:

وہ کہتا ہے کہ حکمرانی خدا ہی کی ہے، وہ جس کو چاہتا ہے، اپنی حکومت بطور خلافت اس کے ذمہ کر دیتا ہے اور جس سے چاہتا ہے حکومت چھین لیتا ہے۔ اِنِ الحکم اِلا لِلہ وہ اپنی حکومت سے تمام شرکاء کی نفی کرتا ہے ولم یکن لہ شریک فی الملک، وہ بار بار آگاہ کرتا ہے کہ حکومت اسی کی ہے اور خلق بھی اسی کا ہے، الالہ الخلق والامر اور پھر بھی اگر لوگ نہ مانیں اور اپنی حکمرانی ہی پر مصر ہوں تو اسلام آخری اور حتمی فیصلہ سنا دیتا ہے: کہ جو لوگ اللہ کی اتاری ہوئی وحی کے ساتھ فیصلے نہ کریں وہ ظالم، کافر اور فاسق ہیں۔

***

پندرہویں صدی کا تاریخی لمحہ، اور فتح قسطنطنیہ

افروز عالم ساحل

۲۹ مئی ۱۴۵۳ء۔۔۔ رات کے ڈیڑھ بجے ہیں۔۔۔ دنیا کے ایک قدیم و عظیم شہر کی دیواروں اور گنبدوں پر خاموشی طاری ہے۔ چاند مغرب کی جانب تیزی سے رواں دواں ہے، جیسے کسی خطرے کا اندیشہ ہو۔۔۔ اکیس سالہ عثمانی سلطان محمد خان اپنی فوج کے اگلے مورچے پر پہنچ چکا ہے۔ وہ ترک زبان میں اپنے سپاہیوں کو مخاطب کر رہا ہے 'میرے دوستو! آگے بڑھو، خود کو ثابت کرنے کا یہی وہ وقت ہے۔۔۔' اس طرح کی ایک مختصر تقریر نے سپاہیوں میں جوش بھر دیا ہے۔ اس کے ساتھ ہی فوج کی ہنکار نے خاموشی کی چادر کو تار تار کر دیا ہے۔ پوری فضا میں کلمہ طیبہ کے نعروں کی گونج ہے۔ اور پھر جو ہوا اس سے پوری دنیا بخوبی واقف ہے۔۔۔ دنیا آج اس سلطان محمد خان کو سلطان محمد فاتح کے نام سے جانتی ہے اور میں آج انہی کی یاد میں بنے ایک تاریخی میوزیم میں موجود ہوں۔

استنبول میں اسی ۱۴۵۳ء کی یاد میں ایک تاریخی میوزیم کھلا ہے۔ ایک منفرد فنی و ثقافتی سینماٹوگرافک کارنامے والے اس میوزیم کو 'پانوراما ۱۴۵۳ ہسٹری میوزیم' کے نام سے جانا جاتا ہے۔ خاص طور پر یہ میوزیم کی فتح کی تاریخ محفوظ کرنے کے لیے وقف ہے۔ اس میوزیم کے لیے سال ۲۰۰۳ میں پراجیکٹ تیار کیا گیا اور اس پراجیکٹ پر عمل درآمد کرتے ہوئے پینٹنگ اور عمارت کی تعمیر کا کام ۲۰۰۵ میں شروع ہوا، جو ۲۰۰۸ میں مکمل

ہو گیا۔ ۳۱ جنوری ۲۰۰۹ کو ترکی کے اس پہلے پانورامک میوزیم کا افتتاح موجودہ صدر رجب طیب ایردوان کے ہاتھوں ہوا۔ ایردوان تب ترکی کے وزیر اعظم تھے۔ واضح ہو کہ سال ۲۰۱۷ میں ترکی میں آئینی ترامیم کی گئیں جس میں وزیر اعظم کا عہدہ ختم کر کے ترکی میں صدارتی نظام لایا گیا۔

اس میوزیم کی سب سے خاص بات یہ ہے کہ یہ میوزیم قسطنطنیہ کی عین اسی دیوار کے قریب واقع ہے جسے سلطان محمد فاتح کی فوج نے ۲۹ مئی ۱۴۵۳ء کو توڑ کر قسطنطنیہ فتح کیا تھا۔ یہ ٹوٹی ہوئی دیواریں آج بھی اس میوزیم کے ارد گرد اسی حالت میں دیکھی جاسکتی ہیں۔ جب آپ اس میوزیم کا معائنہ کر کے باہر نکلتے ہیں اور ان دیواروں کو دوبارہ دیکھتے ہیں تو آپ کا نظریہ پوری طرح بدل چکا ہوتا ہے۔ آپ انہیں دیکھ کر حقیقی معنوں میں فتح کا جوش خود اپنے اندر محسوس کر سکتے ہیں۔

کہا جاتا ہے کہ اس میوزیم کی تعمیر پر تقریباً پانچ ملین ڈالر خرچ کیے گئے۔ میوزیم کے آپریشنل چیف کا کہنا ہے کہ اس وقت دنیا میں تقریباً تیس پانورامک میوزیم ہیں۔ لیکن استنبول کا یہ 'پانوراما ۱۴۵۳ ہسٹری میوزیم' دنیا کا سب سے بڑا اور پہلا مکمل پانورامک میوزیم ہے۔ انجینئروں اور اس کے تخلیق کاروں نے اس میوزیم میں مختلف اثرات سے گھری ہوئی اس کی متحرک تصاویر کے ڈیزائن میں جدید ترین تکنیکی طریقوں کا استعمال کیا ہے، وہیں اس میوزیم کا شاندار ساؤنڈ ایفیکٹس اور انوکھی لائٹ ٹیکنالوجی ایک بے مثال 'تھری ڈی' بیرونی خلا میں آپ کو ۵۷۱ سال پیچھے لے جاتا ہے اور ایسا محسوس ہوتا ہے کہ قسطنطنیہ کی جنگ ہماری آنکھوں کے سامنے ہو رہی ہے۔ اس میوزیم کو اس قابل بنانے میں ترکی کے آٹھ باصلاحیت فنکاروں کا سب سے اہم رول ہے۔

ہم جیسے ہی ٹکٹ لے کر اندر داخل ہوتے ہیں تو پتہ چلتا ہے کہ ہمیں نیچے کی طرف

جانا ہے۔ نیچے اترتے ہی قسطنطنیہ کے فتح کی تفصیلات آپ کو سلام کرتی ہیں۔ نیچے کے ان دونوں منزلوں پر سلطان فاتح سے وابستہ تمام معلومات ترکی زبان میں تصویر کے ساتھ لکھی ہوئی ہیں۔ یہاں آکر معلوم ہوتا ہے کہ سلطان فاتح کو تلوار چلانے کے ساتھ ساتھ قلم اور برش چلانے کا بھی شوق تھا اور ان کی شخصیت میں ایک شاعر بھی چھپا ہوا تھا۔ یہاں آکر آپ ان تمام چیزوں کو اپنی آنکھوں سے دیکھ سکتے ہیں۔ جنہیں تاریخ میں دلچسپی ہے ان کے لیے یہ معلومات واقعی بڑی اہم ہیں۔ لیکن اس کے باوجود یہ میوزیم دیگر میوزیموں کی طرح ہی معلوم ہوگا۔

لیکن ہم جیسے اوپر کی طرف جاتے ہیں، نیلا آسمان ہمارا استقبال کرتا ہے۔ ایسا لگتا ہے کہ کسی نے جادو کے ذریعے ہمیں کسی دوسری دنیا میں پہنچا دیا ہے۔ یہاں کے ماحول کی بدولت ہم سیدھے ۲۹ مئی ۱۴۵۳ کی صبح میں پہنچ جاتے ہیں۔ ہم اس وقت کے گواہ بن جاتے ہیں، جب سلطان فاتح نے دنیا کی سب سے مضبوط دیواریں توڑ کر استنبول میں اسلامی پرچم لہرایا تھا۔ سن ۱۴۵۳ کی اہمیت کا اندازہ آپ اس بات سے لگا سکتے ہیں کہ اگر یوروپ کی تاریخ کو بانٹا جائے تو اس سال سے بڑی لائن کوئی نہیں ہے۔ استنبول میں چٹانوں کی طرح کھڑے 'بازنطینی ایمپائر' کے قلعے کو سلطان فاتح کی قیادت میں لڑنے والی فوجوں نے گرا دیا تھا۔ دنیا کا اپنے دور کا سب سے بڑا شہر مسلمانوں کے کنٹرول میں آگیا تھا۔

بہر حال جیسے ہی میں نے یہاں قدم رکھا ایسا محسوس ہوا جیسے میں پندرہویں صدی میں آگیا ہوں اور کھلے آسمان کے نیچے جنگ کے میدان میں بالکل درمیان میں کھڑا ہوں اور سلطان فاتح کی فوج قسطنطنیہ کی دیوار کی آڑ میں موجود رومن فوج پر حملہ بول چکی ہے۔ آنکھوں کے سامنے بازنطینی قلعے منہدم ہو رہے ہیں، فصیلیں ٹوٹ رہی ہیں۔ میری

آنکھوں کے سامنے ایک بڑی سی توپ ٹوٹی پڑی ہے۔ زمین پر اس کشتی کی باقیات میری آنکھوں کے سامنے ہیں جس کے سہارے عثمانی فوج نے آبنائے باسفورس کو پار کیا تھا۔ سامنے لکڑی کے بکسوں میں ہتھیار پڑے ہیں۔ بھالے، تیر کمان اور لوہے کے بڑے بڑے گولے زمین پر رکھے ہوئے ہیں۔ یہاں زنجیروں، ٹوٹی ہوئی تلواروں، پیڑ کے سوکھے تنوں اور مٹی کے ذریعے ایسا منظر بنایا گیا ہے کہ یہاں آنے والا ہر شخص کچھ لمحوں تک حیران و ششدر رہ جاتا ہے۔ ہر طرح کے ہتھیار میری آنکھوں کے سامنے ہیں۔ دل میں خیال آتا ہے کہ سامنے رکھی تلواروں کی ڈھیر سے ایک تلوار نکال کر میں بھی سلطان محمد فاتح کے ساتھ اس جنگ میں کود پڑوں۔

بڑی بڑی توپوں کے ذریعے گولے داغے جا رہے ہیں، ان توپوں کی گھن گرج کے ساتھ ساتھ تلواروں کے چلنے اور گھوڑوں کے ٹاپوں کی آوازیں صاف سنائی دے رہی ہیں۔ عثمانی بینڈ کی آواز یہ معلوم ہوتا ہے کہ اس وقت جنگ بھی کتنے سلیقے سے لڑی جاتی تھی لیکن اس کے باوجود منظر بتا رہا ہے ک یہ جنگ کتنی مشکل تھی۔ لیکن سلطان فاتح کی فوجی طاقت اور جنگی حکمت عملی کے سامنے 'بازنطینی ایمپائر' کو ہارنا ہی تھا۔ ذرا سوچیے کہ عثمانی فوج قسطنطنیہ کی دیواروں پر سے گرم موم اور تیل برسا رہی ہیں، رومن تیر اندازوں کی دیواروں کے اوپر سے فائرنگ کا منظر صاف دکھائی دے رہا ہے۔ عثمانی فوج نے یہ جنگ طاقت کے ساتھ دماغ سے بھی لڑی تھی۔ وہ قلعے کی دیواروں پر چڑھنے کے لیے لکڑی کی بنی قد آدم سیڑھیاں اپنے ساتھ لائے تھے۔ رومن فوج شاید یہ بات سوچ بھی نہیں سکتی تھی۔ انہی سیڑھیوں کے ذریعے عثمانی فوج قلعے پر پہنچی اور پھر جو ہوا اس سے پوری دنیا واقف ہے۔ سچ پوچھیے تو اس میوزیم میں داخل ہونا 'وقت کا سفر' طے کرنے جیسا ہے۔ آپ چند قدموں میں آٹھ صدیوں کا فاصلہ طے کر لیتے ہیں۔ ایسا محسوس ہوتا

ہے کہ جیسے ہم بھی فتح قسطنطنیہ میں شریک ہیں۔

یہاں ایک ایسا احساس پایا جاتا ہے جسے لکھا نہیں جا سکتا، کسی کاغذ پر اتارا نہیں جا سکتا۔ آپ میرے اس پورے سفر نامہ کو پڑھنے کے باوجود اس احساس کو شاید پانچ فیصد بھی محسوس نہیں کریں گے جسے یہاں زائرین آکر کرتے ہیں۔

اگر آپ اس تاریخی میوزیم کی یاد ہمیشہ اپنے ساتھ رکھنا چاہتے ہیں تو یہاں سے باہر نکلتے وقت وہ سکہ حاصل کر سکتے ہیں جس پر ایک جانب سلطان محمد فاتح کی دستخط اور دوسری جانب میوزیم کا لوگو بنا ہوا ہے۔ اس سکے کی قیمت پانچ لیرا ہے۔ باہر نکلتے وقت منی وینڈنگ مشین میں ایک لیرا کے قیمت کی پانچ سکے ڈالیں گے تو آپ کو یہ سکہ حاصل ہو گا۔ میوزیم سے باہر نکلتے وقت آپ کو میوزیم کے 'سووینئر شاپ' سے ہو کر باہر آنا پڑتا ہے۔ آپ یہاں 'زیر یورو' کا ایک یادگار کرنسی نوٹ حاصل کر سکتے ہیں، اس کی قیمت پچاس لیرا ہے۔ یہ 'سووینئر شاپ' اس لحاظ سے بھی اہم ہے کہ آپ یہاں سے سلطان فاتح اور استنبول سے متعلق کئی یادگاریں خرید سکتے ہیں۔ اس کے علاوہ یہاں خاص طور پر سلطان فاتح سے جڑی ہوئی کئی اہم کتابیں موجود ہیں، حالانکہ زیادہ تر کتابیں ترکی زبان میں ہی ہیں۔

دنیا اس وقت سیاسی اتھل پتھل کے دور سے گزر رہی ہے۔ ترکی کو خلافت سے جمہوری ملک بنے ہوئے سو سال ہونے والے ہیں، ایسے میں صدر ایردوان ترکی کی اسلامی تاریخ کو پھر سے دنیا کے سامنے لانے کی کوششوں میں لگے ہوئے ہیں۔ یہ میوزیم بھی اسی کوشش کا ایک شاندار نمونہ ہے۔ ترکی کی خاص بات یہ ہے کہ اس ملک نے اپنی تاریخ کو سنبھال کر رکھنے پر کافی توجہ دی ہے۔ بلکہ حقیقت یہ ہے کہ ترک قوم اپنی زبان اور تاریخ سے بے حد محبت کرنے والی قوم ہے۔ انہوں نے اس میوزیم کے ذریعے بھی اپنی تاریخ کو

اپنی آنے والی نسلوں کے لیے محفوظ کر رکھا ہے۔ آپ کو جان کر حیرانی ہو گی کہ ہمارے ہندوستان میں بس اسٹینڈز پر سرکاری یا کسی پروڈکٹ کا اشتہار ہوتا ہے، لیکن یہاں کے بس اسٹینڈز پر یہاں کی تاریخی شخصیات کے بارے میں لکھا ہوا ہوتا ہے اور لوگ بس کا انتظار کرتے وقت موبائل کے بجائے اسے پڑھتے ہیں۔ ترکی میں اس میوزیم کے علاوہ اور بھی درجنوں مشہور و معروف میوزیمس ہیں۔ میری کوشش ہو گی کہ آپ کو ان تمام میوزموں کے بارے میں بتاؤں۔ تب تک کے لیے آپ سوچیے کہ ہم ہندوستانی مسلمانوں نے اپنی تاریخ کو بچانے کے لیے کیا کیا ہے؟

***

سقوط دمشق کی کہانی

افتخار گیلانی

مشرقی ترکی کے قصبہ کیلس میں سرحد سے بس ۵۰۰ میٹر دور شامی پناہ گزینوں کے کیمپ میں پچھلی اتوار کی رات شاید ہی کوئی سویا تھا۔ کئی دہائیوں سے بے گھر مکین الجزیرہ عربی اور اپوزیشن گروپوں سے وابستہ سیرین ٹی وی چینل رات بھر دیکھنے میں محو تھے۔ جوں ہی یخ بستہ دسمبر کی صبح کی پہلی کرنیں افق پر نمودار ہو گئیں، گھروں سے خوشی سے نعرے بلند ہو گئے۔

معلوم ہوا کہ شامی اپوزیشن مزاحمتی گروپوں نے دمشق میں پیش قدمی کی ہے اور صدر بشار الاسد فرار ہو گئے ہیں۔ وجد کی کیفیت میں کسی کی سمجھ میں نہیں آرہا تھا کہ خوشی کے ان لمحات کو کس طرح ظاہر کریں۔ کوئی سجدہ میں گرا ہوا تھا، تو کوئی ڈانس کر کے نعرے بلند کر رہا تھا۔ ہاں ۱۳ سال کی جدوجہد اور خون آشام جنگ کے بعد بالآخر جاڑے میں تباہ حال شام میں بہار کی نوید سنائی دی ہے۔

"برسوں سے، ہم اس دن کا خواب دیکھ رہے تھے،" ۲۹ سالہ یاسمین، جو اپنے تین سالہ بچے کو مضبوطی سے تھامے ہوئے تھی، نے مجھے کہا۔ "دمشق کو آزاد دیکھنا، جاننا کہ اسد کا استبداد ختم ہو گیا ہے، ایسا ہے جیسے ہم دوبارہ پیدا ہو گئے ہوں۔"

ٹیلی ویژن پر مزاحمتی گروپوں کے لیڈران اعلان کر رہے تھے کہ، "آمر بشار الاسد

کا تختہ الٹ دیا گیا ہے۔ زندہ باد شام۔"

دمشق کی سڑکیں، جو پہلے خوف اور جبر کا شکار تھیں، جشن سے پھٹ گئی تھیں۔ لیکن اس کیمپ میں موجود ہر بشر کا کہنا تھا کہ اصل امتحان اب شروع ہوتا ہے، اور کسی طور پر شام کی حالت عراق یا لیبیا جیسی نہیں ہونی چاہیے، جہاں صدام حسین اور معمر قذافی کی برطرفی اور غیر ملکی افواج کے آمد کے بعد متحارب گروپوں کے درمیان جنگوں نے ان کو مزید برباد کر دیا۔

اسد کا زوال صرف ایک حکومت کا خاتمہ نہیں ہے۔ یہ شام کی تاریخ میں ایک ایسا انقلاب ہے، جس کی بازگشت مستقبل میں دور تک سنائی دے گی۔ دنیا کی نگاہیں اب احمد حسین ال شرع، جو ابو محمد الجولانی کے نام سے مشہور ہیں کی طرف ٹکی ہوئی ہیں، جو سیرین نیشنل آرمی یا فری سیرین آرمی کے ایک اہم دھڑے ہیئۃ تحریر الشام یعنی ایچ ٹی ایس کی قیادت کرتے ہیں۔

سال ۲۰۱۱ میں جب بہار عرب کے تسلسل میں شام میں پرامن مظاہرے شروع ہوئے، جو ملک میں جمہوری نظام کے نفاذ اور غیر جانبدارانہ انتخابات کا مطالبہ کر رہے تھے، جلد ہی ایک خونی خانہ جنگی میں تبدیل ہو گئے۔ جس میں ایک اندازہ کے مطابق اب تک چھ لاکھ سے زائد جانیں ضائع ہوئیں اور ۱۲ ملین افراد بے گھر ہوئے۔

جن میں ۶۔۸ ملین شام میں ہی دیگر جگہوں پر منتقل ہو گئے اور تین ملین کے قریب ترکی میں پناہ گزین ہیں۔ اسد کی افواج، جنہیں روس، ایران، اور حزب اللہ جیسے اتحادیوں کی حمایت حاصل تھی نے حالیہ برسوں میں ملک کے بڑے حصے پر دوبارہ کنٹرول حاصل کر لیا تھا۔ جب چین نے سعودی عرب اور ایران کے درمیان مفاہمت کروائی، تو اس کا اگلا ہدف ترکی اور شام کے درمیان سفارتی مفاہمت کا تھا، تا کہ امریکہ کو اس خطے میں ایک اور

سفارتی خفت کا سامنا کروایا جائے۔

پچھلے سال تباہ کن زلزلہ کے بعد شام کو دوبارہ عرب لیگ کا ممبر بنایا گیا تھا اور بشار الاسد کو اس کے سربراہ اجلاس میں شرکت کے لیے بھی مدعو کیا گیا تھا۔ چین اور روس نے کئی بار زور دیا تھا کہ اپوزیشن مزاحمتی گروپوں اور ترکی کے ساتھ مذاکرات کا وقت آگیا ہے۔ اس سلسلے میں ترکی کے وزیر خارجہ حقان فدان نے دوبار دمشق کا دورہ کیا اور اس سے قبل ترکی کے انٹلی جنس سربراہ ابراہیم کلین نے کئی بار شام میں اپنے ہم منصبوں سے مذاکرات کیے۔ یہ بتایا گیا تھا کہ اسد جلد ہی انقرہ کا دورہ کریں گے، جس کے بعد ترکی کے صدر رجب طیب اردوان بھی دمشق کا دورہ کر کے شام کو ایک مستحکم اور پر امن کرنے میں مدد کریں گے۔ مگر اپنے حلیفوں خاص طور پر روسی صدر ولادمیر پوٹن کی استدعا کے باوجود حد سے زیادہ پر اعتماد بشار الاسد نے اس امن مساعی کو سبو تاژ کیا اور ہر بار شرائط بڑھاتے رہے۔

ایک دہائی سے زیادہ عرصے تک شام مختلف بین الاقوامی مفادات کی جنگ کا میدان رہا ہے۔ جس میں سیرین نیشنل آرمی، جس کو باہر سے ترکیہ کی مدد شامل ہے، سیرین ڈیموکریٹک فورس، جو کردوں پر مشتمل ہے اور اس کو امریکہ کی حمایت حاصل ہے۔

پھر شام کی سرکاری افواج، جس کو ایران اور روس کی پشت پناہی کے علاوہ حزب اللہ کی نہ صرف حمایت بلکہ ان کے جنگجو بھی ان کی اعانت کرتے تھے۔ اس کے علاوہ بھی کئی اور چھوٹے متحارب گروپ یا مقامی وار لارڈز نے اپنی حکومتیں قائم کی ہوئی تھیں۔

انقرہ نے طویل عرصے سے سیرین نیشنل آرمی، جو شامی اپوزیشن کا سب سے بڑا گروپ ہے، کو بشار الاسد کی حکومت کا تختہ الٹنے کی کوشش کر رہے تھے، کی مدد کی۔ یہ حمایت ترکیہ کے اس وسیع مقصد کا حصہ تھی کہ شام میں ایک ایسی حکومت قائم ہو سکے جو

اسکی سرحدوں کی سلامتی کی ضمانت دے سکے اور کرد گروہوں کی خود مختاری کو روک سکے۔ اس لیے موجودہ صورتحال میں ترکیہ نے واضح کر دیا ہے کہ وہ شام میں کسی بھی نسلی گروپ کی داخلی خود مختاری کی مخالفت کرے گا اور وہ دمشق میں ایک ایسی مضبوط حکومت کا خواہاں ہے، جو پورے شام کو کنٹرول کر سکے۔

روہ ترک مخالف کرد گروپوں کو بھی حکومت میں شامل کرنے پر اعتراض کرے گا۔ جبکہ امریکہ، عراق کی طرز پر شام میں بھی کردوں کے لیے ایک خود مختار علاقہ کی وکالت کرے گا۔

حالیہ عرصے میں اردوان کی دونوں ناٹو اور روس کے ساتھ تعلقات کو برقرار رکھنے کی صلاحیت نے ترکی کو کئی بین الاقوامی مسائل میں ایک اہم ثالث کے طور پر موقع دیا ہے۔ خاص طور پر جب ترکیہ یوکرین کے گندم کو بین الاقوامی مارکیٹ میں پہنچانے کا بندوبست کیا اور اس کو ڈرون ہتھیار فراہم کیے، اور دوسری طرف آبنائے باسفورس کو روسی جہازوں کے لیے کھلا رکھ کر پوتن پر احسان بھی کیا۔

مگر اب دیکھنا ہے کیا یہ طاقتیں شام میں ترکیہ کے مفادات کو مقدم رکھیں گیں یا اس کا وہی حال ہو گا جو کابل میں طالبان کے حکومت میں آنے کے بعد پاکستان کا ہوا۔

فی الحال، ترکی ایک معاشی بحران کا بھی شکار ہے اور بڑھتی ہوئی مہنگائی کم ہونے نام نہیں لے رہی ہے۔ ترک کرنسی ڈالر کے مقابلے میں تیزی سے کمزور ہو رہی ہے۔ خوراک کی مہنگائی اپنی انتہا پر ہے، جو آبادی پر دباؤ ڈال رہی ہے۔ شامی مہاجرین کی واپسی معیشت کو دوبارہ پٹری پر لانے میں معاون ثابت ہو کر اردوان کے لیے وردان ثابت ہو سکتی ہے۔

فوجی ذرائع کے مطابق لبنان میں ایران کے حمایت یافتہ حزب اللہ کو ہوئے نقصان

کے بعد، اس کے جنگجوؤں نے ۱۵ نومبر کے آس پاس حلب کے گرد و نواح میں اپنی پوزیشنیں خالی کر دی تھیں۔ شاید ان کو لبنان واپس بلایا گیا تھا۔ ان بینکروں کو خالی دیکھ کر امریکی حمایت یافتہ کرد عسکری گروپوں، جو سیرین ڈیموکریٹک فورس کا حصہ ہیں، نے منبج سے آکر ان پر قبضہ کر لیا۔

کرد گروپ خاص طور پر وائی پی جی اور اس کی شاخ پی کے کے، ترکی کے ساتھ بر سر پیکار ہے۔ بتایا جاتا ہے اس کی وجہ سے ترکی نے سیرین نیشنل آرمی کو ان پوسٹس کو واپس لینے ترغیب دی۔ ذرائع کا کہنا ہے کہ جون میں ہی شامی مزاحمتی گروپوں نے حزب اللہ کی لبنان میں اسرائیل کے ساتھ جنگ میں شمولیت کا فائدہ اٹھانے کی ٹھانی تھی اور وہ اسی وقت حلب شہر پر حملہ کرنے کی سعی کر رہے تھے، مگر اسرائیل کی غازہ جنگ کی وجہ سے ان کو ترکیہ کی طرف سے اس کی اجازت نہیں دی گئی۔ مگر اس بار ۲۷ نومبر کو جب انہوں نے حزب اللہ کی خالی پوسٹس کو کرد باغیوں سے آزاد کروایا، تو پتہ چلا کہ آگے کوئی مزاحمت ہی نہیں ہے۔ وہ کوئی گولی چلائے بغیر شہر کی طرف بڑھتے گئے۔

حلب کو فتح کرنے کے بعد حماہ کی طرف بڑھتے ہوئے، ان کو شامی اور روسی ایر فورس کی بمباری کا سامنا کرنا پڑا، مگر افغانستان میں ۲۰۲۲ کو جس طرح طالبان کو زمینی سطح پر کسی مزاحمت کا سامنا نہیں کرنا پڑا اور گولی چلائے بغیر ہی وہ کابل کے درازے پر دستک دے رہے تھے، بالکل وہی صورت حال شام میں بھی پیش آئی۔

حلب کو فتح کرکے ایچ ٹی ایس کے ایک کمانڈر نے دعوی کیا تھا کہ وہ عید الفطر دمشق میں منائیں گے، جس کو کئی صحافیوں نے دیوانے کی بڑ بتادیا تھا۔ مگر اس سے چار ماہ قبل ہی ابو محمد الجولانی کو دمشق کی اموی مسجد، جس کے دیوار کے پاس پیغمبر حضرت یحییٰؑ اور سلطان صلاح الدین کی قبریں ہیں، میں شکرانے کی نماز پڑھتے ہوئے دیکھا گیا۔

ایران کی داخلی الجھنوں اور حزب اللہ کی لبنان میں مصروفیت نے یقیناً سقوط دمشق میں مدد دی۔ سفارتی ذرائع کے مطابق کئی ماہ سے ایران نے روس کی نیت کے بارے میں شکوک و شبہات پالے ہوئے تھے۔ طہران کو خدشہ تھا کہ ماسکو ترکیہ کے مقابلے میں ایران کے اثر کو کم کرنے کی کوشش کر رہا ہے۔ بتایا جاتا ہے کہ ایران اور اسد نے عراق میں شیعہ مزاحمتی گروپوں کو شام میں تعینات کرنے کی کوشش کی تھی۔ مگر عراق میں ان کی پوزیشنوں پر امریکی فضائی حملوں کے خطروں کے پیش نظر عراقی حکومت نے اس کی منظوری نہیں دی۔ ایران نے افغان فاطمیون بریگیڈ کے جنگجوؤں کو بھی متبادل کے طور پر متحرک کرنے کی کوشش کی۔ تاہم، سیریا ٹی وی کے مطابق، حلب کے ارد گرد اہم فوجی اڈوں کے حالیہ نقصان کے بعد ان کی تعیناتی مشکل ہو گئی تھی۔

بہر حال دمشق پہنچ کر سوشل میڈیا پر نشر کیے گئے ایک بیان میں، جولانی نے نظم و ضبط پر زور دیا۔ انہوں نے جنگجوؤں کو خبردار کیا کہ وہ عوامی اداروں کے قریب نہیں جائیں گے اور وہ بشار الاسد کی حکومت میں وزیر اعظم محمد غازی الجلالی کی نگرانی میں رہیں گے جب تک متبادل حکومت کا انتظام نہیں ہوتا ہے۔ جولانی کا چونکہ ماضی میں القاعدہ کے ساتھ رابطہ رہا ہے، اس لیے مغربی دنیا کو اس سے خدشات لاحق ہیں۔ مگر اس وقت آئی ایس ایس کے خلاف جو محاذ بنا تھا، اس میں چونکہ القاعدہ کا مقامی نیٹ ورک بھی شامل تھا، اس لیے ان کے اس ماضی کے رابطہ کو نشانہ بنایا جاتا ہے، جس کے ساتھ انہوں نے کئی بار اظہار لاتعلقی کیا ہے۔

سال ۲۰۱۷ سے ادلب صوبہ پر حکومت کے دوران انہوں نے انتظامیہ میں تمام نسلی اور مذہبی گروہوں کو جگہ دی اور طالبان کے برعکس خواتین کے لیے کوئی ڈریس یا کوئی اور کوڈ نافذ نہیں کروایا۔ حلب میں عیسائی گرجا گھر میں جا کر انہوں نے اقلیتی آبادی

کو تحفظ کا یقین دلایا۔

اسی طرح انہوں نے علوی فرقہ کے افراد کی جان و مال کی گارنٹی دی اور اپنے حامیوں کو ہدایت دی کہ وہ اب درگزر سے کام لیں۔ یہ تو طے ہے کہ جولانی کو آزادی کے لیے ترس رہے شامیوں کی امیدوں اور بین الاقوامی برادری کی تشویش کے درمیان توازن قائم کرنا ہوگا۔ ان کے لیے، یہ لمحہ ایک موقع اور ایک امتحان ہے۔ آئندہ مہینوں میں ان کے اقدامات طے کریں گے کہ شام امید کی مثال بن کر ابھرتا ہے یا افراتفری میں غرق ہو جاتا ہے۔ سب سے دل کو چھو لینے والے مناظر میں سے ایک سیدنایا جیل سے قیدیوں کی رہائی ہے، جو استبداد اور جبر کا ایک مرکز تھا۔ اس کو انسانی قتل گاہ کہا جاتا تھا۔ چند قیدی جو آزاد ہو گئے، ان کی موت کی سزا اسی دن دوپہر کو مقرر کی گئی تھی۔ کیلس قصبہ کے کیمپ میں عائشہ کو اسی دن پتہ چلا کہ اس کا بھائی زندہ ہے اور قید سے آزاد ہو گیا ہے۔ "آج صرف ایک حکومت کے زوال کا دن نہیں ہے؛ یہ انسانیت کی واپسی کا دن ہے،" اس نے کہا۔

بدنام زمانہ جیلوں کے سیاہ راہداریاں سے ظلم و جبر سے دبی ہوئی دکھ بھری داستانیں باہر آرہی ہیں۔ جن کو مردہ سمجھا گیا تھا وہ اب زندہ سامنے آرہے ہیں۔ دل کو چھو لینے والی کہانی علی حسن العلی کی ہے، جو تقریباً چار دہائیوں تک شامی جیل میں قید رہے۔ انہیں ۱۹۸۶ میں، جب وہ ۱۸ سال کے تھے، گرفتار کیا گیا تھا۔ وہ اب ۵۷ سال کے ہیں۔

ان کے بھائی معمر علی نے تین دہائیوں تک مختلف سیکورٹی برانچوں کا دورہ کیا، جہاں انہیں اپنے بھائی کے بارے میں متضاد معلومات ملیں۔ "شام میں کوئی ایسی جگہ نہیں تھی جہاں ہم نہ گئے ہوں۔ ہم نے پورے ملک کا چکر لگایا تا کہ معلوم کر سکیں کہ ان کے ساتھ کیا ہوا۔ ایک دن وہ تسلیم کرتے کہ وہ جیل میں ہیں، اگلے دن وہ انکار کر دیتے" علی نے

کہا۔ ان انہوں نے امید چھوڑ دی تھی۔ ان کا بھائی جب جیل گیا تھا، تو جوان تھا اب وہ ایک بوڑھے آدمی کے طور پر باہر نکلے ہیں۔

شامی نیٹ ورک برائے انسانی حقوق (ایس این ایچ آر) کے اندازوں کے مطابق، ۲۰۱۱ سے، ۱۔۲ ملین سے زیادہ شامیوں کو حراست میں لیا گیا ہے یا غائب کر دیا گیا ہے۔ اعداد و شمار میں کم از کم ۱۳۵،۲۵۳ افراد شامل ہیں، جن میں ۳،۶۹۱ بچے اور ۸،۴۷۳ خواتین شامل ہیں، جو حکومت کی جیلوں میں غائب ہو گئے۔ یہ اعداد و شمار اسد کے دور حکومت میں ہونے والی وسیع تر انسانی حقوق کی خلاف ورزیوں کی صرف ایک جھلک ہیں۔

اگست ۲۰۱۳ میں غوطہ پر کیمیکل حملہ جنگ کے سب سے تاریک بابوں میں سے ایک ہے۔ اسد کی افواج نے سرین گیس استعمال کرتے ہوئے ۱،۴۰۰ سے زیادہ لوگوں، بشمول بچوں اور خواتین کو ہلاک کر دیا۔ حملے نے، جس میں صبح کی ٹھنڈی اور ساکن ہوا کا فائدہ اٹھایا گیا تھا، خاندانوں کو ان کے گھروں میں دم گھٹ کر مارا۔

عالمی برادری کے غصے کے باوجود، حکومت کی تشدد کی مہم جاری رہی، جس نے بین الاقوامی برادری کی بے بسی کو اجاگر کیا۔ ڈیٹا بیس کے مطابق، ۲۰۱۲ سے ۲۲۲ بار شام میں کیمیکل ہتھیار حملوں کا دستاویزی طور پر ثبوت موجود ہے۔ ان تمام حملوں میں تقریباً ۹۸ فیصد شامی حکومتی افواج کی طرف سے کیے گئے، جبکہ تقریباً دو فیصد آئی ایس آئی ایس کی طرف سے کیے گئے۔ شام کی یہ دکھ بھری کہانیاں سن کر میں اب کیلس سے انقرہ کی طرف واپسی کا ارادہ کر رہا تھا۔ سرحد کی دوسری طرف جشن مناتے ہوئے ہوا میں فائرنگ کا سلسلہ تھم ہی نہیں رہا تھا۔ مہاجر کیمپ میں موجود یاسمین اپنے بچے کو گود میں لیے سرحد کے پار دیکھ رہی تھی۔ اس کے چہرے پر امید اور غیر یقینی کا امتزاج تھا؛

ہم اتنا عرصہ اس کا انتظار کر رہے تھے،" اس نے کہا۔ "لیکن آزادی تو صرف ایک

شروعات ہے۔ اب ہمیں ایک ایسا شام تعمیر کرنا ہے جہاں ہمارے بچے دوبارہ خواب دیکھ سکیں"۔

یقیناً جنگ زدہ ملک میں تعمیر نو بنیادی ڈھانچے کو کھڑا کر کے عارضی راحت کا لمحہ ہو سکتا ہے مگر اصل چیلنج معاشرہ کے زخموں کا مداوا کرنا اور اس کو متحد کرنا ہے۔

بچ جانے والوں کی کہانیاں ہمیں یاد دلاتی رہیں گی کہ جنگ انسانی زندگیوں پر کس قدر گہرا اثر ڈالتا ہے۔ اس سے قبل کہ دنیا کی توجہ کسی اور طرف مبذول ہو، شام کے عوام پر پچھلی ایک دہائی کے دوران جو بیتی، یا جو اس وقت غازہ پر بیت رہی ہے، ہمیں بتاتی ہے کہ اکیسویں صدی کے مہذب معاشرہ میں بھی چنگیز خان یا ہٹلر کی روح کو شرمندہ کرنے والے موجود ہیں۔ ایک انسان کس قدر انسانیت سے عاری اور حیوانوں سے بھی بد تر ہو سکتا ہے۔

***

اویغور قوم کی مختصر تاریخ

مفتی محمد خالد حسین نیموی قاسمی

ایک ہوں مسلم حرم کی پاسبانی کے لیے
نیل کے ساحل سے لے کر تابخاک کاشغر

بچپنے سے ہی شاعر مشرق علامہ اقبال رح کا یہ شعر سنتا رہا، اس کا سرسری مفہوم جو ذہن میں آیا وہ یہ تھا کہ اتحادِ ملت کے یہ نقیب پوری دنیا کے مسلمانوں کو اسلامی مقدسات کی حفاظت دفاع کے لیے متحد ہونے کی دعوت دے رہے ہیں؛ نیل کے ساحل سے لے کر تابخاک کاشغر کی تعبیر مغرب تا مشرق تک کی؛ بلکہ پوری دنیا کی عکاسی کے لیے ہے۔ عالمی پس منظر میں ایسی ہی تعبیر ہے، جیسے ہندوستان کے پس منظر میں کہتے ہیں کشمیر سے کنیا کماری تک۔ مقصد پورے ملک کی عکاسی کرنا ہوتا ہے۔

کاشغر علامہ اقبال کے مطابق عالم اسلام کا آخری خطہ ہے۔

یہ خطہ اگرچہ اب زیادہ مشہور نہیں رہ گیا ہے، لیکن جس علاقے میں "کاشغر" واقع ہے، کئی لحاظ سے اسے اب بھی بڑی شہرت حاصل ہے۔

"کاشغر" چین کے سنگیانگ کے خطہ کا ایک شہر ہے۔

سنگیانگ وہ خطہ ہے، جس میں اویغور قوم بستی ہے، میڈیا میں آئے دن اویغور مسلمانوں کا اور چینی حکومت کی طرف سے ان پر روا رکھے جانے والے مظالم کا بڑا چرچا

ہوتا رہتا ہے، لیکن عام صورت حال یہ ہے کہ اویغور اور سنگیانگ کے الفاظ بہتوں کے لیے اجنبی الفاظ محسوس ہوتے ہیں، اور ان دونوں کے بارے میں مستند معلومات حاصل کرنا چاہتے ہیں۔ ہمارے دوست مولانا شیخ سلیم الدین خلیفہ زید مجدہم اور ہمارے کرم فرما حضرت مولانا محمد صابر نظامی قاسمی زادت حسناتہم نے کئی مواقع پر اس عاجز سے اس سلسلے میں معلومات بھی حاصل کیں اور اس موضوع پر ایک مفصل مضمون لکھنے کا بھی اس عاجز کو حکم فرمایا۔

اللہ کی شان گذشتہ دنوں اس عاجز کا "الاتحاد العالمی لعلماء المسلمین، دوحہ، قطر" کی دعوت پر جمعیۃ عمومیہ کے اجلاس اور اس موقع پر دوحہ کے ساحل خلیج عربی پر واقع "ہوٹل شیر اٹن" میں منعقد "طوفان الاقصی" کانفرنس اس کے علاوہ دیگر دو موضوعات پر منعقد عالمی کانفرنس میں شرکت کا موقع ملا، ان کانفرنسوں میں دنیا کے نوے سے زائد ممالک کے علماء، اسکالرس اور مشائخ و دانشوران کی شرکت ہوئی۔ دنیا کے چھ براعظم سے تعلق رکھنے والے شرکاء میں الگ الگ رنگ و نسل اور شکل وشباہت اور لباس و پوشاک رکھنے والے تھے۔ ان میں سے حسبِ موقع متعدد نمایاں اور ممتاز شخصیات سے ملاقات استفادہ اور تبادلہ خیال کا مواقع ملے۔ اس سفر میں ایک خاص موقع پر چینی نقش و نین اور اپنے انڈیا کے شمال مشرقی پہاڑی علاقوں نیپال یا تبت سے ملتی جلتی شکل و شباہت رکھنے والے چند علماء سے تعارف ہوا۔

دوران گفتگو پتہ چلا کہ یہ حضرات اویغور نسل سے تعلق رکھتے ہیں، یعنی یہی حضرات میڈیا کے ایغور مسلمان ہیں؛ جو چین کی ریاست سنگیانگ سے تعلق رکھتے ہیں۔ یہ حضرات فی الحال ترکی میں جلاوطنی کی زندگی گزار رہے ہیں۔ قبل سے ہی ایغور مسلمانوں کے بارے میں جاننے کی جستجو تھی۔ اس موقع کو میں نے غنیمت سمجھا۔ ان سے یہ تعارف

مضبوط رابطہ میں تبدیل ہو گیا۔ ان سے خصوصی ملاقات کی ترتیب بنائی گئی۔ اس خاص ملاقات میں ان کے بارے میں اور ان کے وطن اور ان کی قوم کے بارے میں بیش قیمت معلومات حاصل کی گئیں۔ ان اسکالرس سے اویغور مسلمانوں کے بارے میں جو تفصیلات حاصل ہوئیں؛ انھیں میں نوٹ کرتا گیا؛ ان کے علاوہ انٹرنیٹ اور دیگر ذرائع سے بھی معلومات حاصل ہوئیں؛ ان مفصل معلومات کو مضمون کی شکل میں احباب کی خدمت میں پیش کرتے ہوئے بڑی مسرت ہو رہی ہے۔

کاشغر" چین کے مغربی سرحد پر واقع ہے، سرحد کے اس پار پڑوسی ملک کا نام کرغزستان ہے۔ اسی کرغزستان کے مغربی سرحد پر پھیلے ہوئے خطے کا نام "وادیٔ فرغانہ" ہے، جو مغل فرماں روا ظہیر الدین بابر کا آبائی وطن ہے۔ اسی خطے کو مشرقی ترکستان بھی کہا جاتا ہے۔

فارسی کا ایک مشہور شعر ہے

ترسم کہ نرسی بہ کعبہ اے اعرابی!

کہ ایں رہ کہ تو میروی بہ ترکستانست۔

اے دیہات کے رہنے والے مجھے اندیشہ ہے کہ تم اپنی منزل (خانہ کعبہ، حرم شریف) تک ہرگز نہیں پہنچ سکو گے، اس لیے کہ تم جس راستے پر چل رہے ہو وہ ترکستان کی طرف جاتا ہے۔ اس شعر میں شیخ سعدی شیرازی نے کعبہ کے مخالف سمت کو ترکستان سے تعبیر کیا ہے۔

سنگ یانگ کو انگلش میں (Xingjiang) لکھا جاتا ہے اور عربی میں "شنجاک" کہا جاتا ہے، چین کے شمال مغربی علاقے میں ایک دریا ہے، جسے چین کی سرکاری دستاویزات میں خود مختار لکھا گیا ہے۔ چین کے کل تینتیس صوبوں میں سنک یانگ کا یہ صوبہ رقبے

کے لحاظ سے سب سے بڑا ہے، اس کا علاقہ ڈیڑھ لاکھ مربع کلومیٹر سے زیادہ ہے، جس کے بعد تبت اور اندرون منگولیا کے علاقے ہیں۔ اس طرح صرف یہ تین صوبے چین کے مجموعی رقبے کا بیالیس فیصد ہیں۔

سنگ یانگ کی آبادی دو کروڑ ہے، جب کہ تبت کی آبادی تیس لاکھ اور اندرونی # منگولیا کی ڈھائی کروڑ ہے۔ اس طرح ان تین سب سے بڑے صوبوں کی آبادی مجموعی طور پر پانچ کروڑ سے بھی کم ہے۔ یعنی چین کے بیالیس فیصد رقبے پر اس کی صرف تین، ساڑھے تین فیصد آبادی مقیم ہے۔

لیکن آبادی کی قلت و کثرت سے قطع نظر سنک یانگ کا اصل مسئلہ اس کی خود مختاری کا مسئلہ ہے، کچھ زمانہ قبل یہاں صرف ایغور مسلمان ہی آباد تھے اور انہیں کی اس ریاست پر حکمرانی تھی؛ مگر بتدریج اس کی آبادی کے منظر نامہ کو بدلنے کی منظم پلاننگ کی گئی؛ اس منصوبے کے تحت پچھلے ستر سال میں چین کے دیگر علاقوں سے چینیوں کو لا کر یہاں آباد کیا گیا ہے، جس کے باعث اب سنک یانگ کی دو کرڑو آبادی میں؛ مسلمان آدھے سے بھی کم رہ گئے ہیں یعنی بہ مشکل ایک کروڑ۔ سنکیانگ میں چین نے جب سے بڑے پیمانے پر ہان کمیونٹی کو بسانا شروع کر دیا ہے، جس سے اویغور اقلیت میں آ گئے ہیں۔

اس کا رقبہ ۸۹۷، ۶۶۴، ا مربع کلومیٹر ہے۔ اگر یہ مملکت بن جائے تو بہ لحاظ رقبہ دنیا کا آٹھواں بڑا ملک شمار ہو گا۔ اویغور ۱۵۰۰ سال پہلے وسطی ایشیاء میں آباد تھے۔ آج وہ زیادہ تر چین کے اسی مغربی صوبے ژنگ جیانگ میں آباد ہیں۔ جب دین اسلام وسطی ایشیا پہنچا تو آہستہ آہستہ ترک اس نئے دین کے شیدائی بن کر مسلمان ہو گئے۔ آٹھویں صدی میں ایغوروں کی اکثریت نے بھی اسلام قبول کر لیا۔ یہ ترک بہت پُر جوش اور متحرک مسلمان بن گئے اور دل و جان سے اسلامی تہذیب ثقافت کو قبول کیا۔ سنگ جیانگ

کا صوبہ ہر زمانہ میں متمدن ثقافت اور اسلامی تہذیب کا حامل رہا ہے، یہ خطہ وسطی ایشاء کے مسلم عہد کے وقت "چھوٹا بخارا" کہلاتا تھا۔ اس کی انتہائی شاندار تاریخ رہی ہے۔

رفتہ رفتہ ترکوں کے کئی خاندان وجود میں آ گئے۔ ان میں بعض منگولیا سے نکل کر وسطی ایشیا ہجرت کر گئے۔ جو ترک خاندان جنوبی سنکیانگ آباد ہوئے، انھیں ایغور کہا گیا۔ اسی طرح وسطی ایشیا سے لے کر اناطولیہ (ترکی) تک بسنے والے ترک خاندان اپنے اپنے علاقوں کی مناسبت سے مختلف ناموں سے موسوم ہوئے۔

جب چنگیز خان کی زیر قیادت منگول عالم اسلام پر حملہ آور ہوئے تو ایک ترک شہزادے، جلال الدین خوارزم شاہ نے ان کا بھرپور مقابلہ کیا اور مختلف معرکوں میں شکست دی۔ جلال الدین تمام مسلم حکمرانوں کو منگولوں کے خلاف متحد کرنا چاہتے تھے؛ مگر ذاتی و گروہی مفادات میں گھرے مسلم حکمران فروعی اختلافات سے بلند نہ ہو سکے۔ شہزادہ جلال الدین بھی ایغور ترک تھے۔ بعد ازاں اوغوز ترک قبیلے کے ایک سردار، سلیمان شاہ کے بیٹے #ارطغرل غازی نے بھی مسلم حکمرانوں کو متحد کرنا چاہا تو انھیں جزوی کامیابی ملی۔ اور ان کے صاحبزادے محمد #عثمان سلطنت عثمانیہ / خلافت عثمانیہ کی بنیاد ڈالنے میں کامیاب رہے۔

سنکیانگ کو مشہور سِلک روٹ کی مرکزی چوکی ہونے کے ناطے شہرت حاصل ہے اور یہ چین کے سیاحوں کو بھی اپنی طرف متوجہ کرتا ہے۔ سنکیانگ کا علاقہ چاروں طرف سے بلند و بالا پہاڑی سلسلوں میں گھرا ہوا ہے، جن کے درمیان میں دَرّے ہیں۔ وسط میں صحرا اور جنگل ہیں۔

قراقرم، پامیر، قن لن اور تیان شان سلسلہ ہائے کوہ کے بلند و بالا پہاڑ سنکیانگ کے ماتھے کا جھومر ہیں۔ یہ علاقے میں جابجا پھیلے ہیں۔ درمیاں میں صحرائے تکلامکان اپنی

شان دکھلاتا ہے۔ ان قدرتی مظاہر کے باعث سنکیانگ میں صرف ۱۰ فیصد زمین قابل رہائش ہے۔ اسی علاقے میں انسان کھیتی باڑی بھی کرتے ہیں۔ ۔ دیگر بڑے شہروں میں کاشغر، تورپان، ینگ، کرامے نمایاں ہیں۔ اس قدرتی ماحول نے ایغوروں کو جفاکش اور سخت جان بنا دیا۔ حتی کہ چینیوں کو جرات نہ ہوئی کہ وہ ان کے علاقے پر حملے کر سکیں۔ ایغوروں کے سردار ہی طویل عرصہ علاقے پر حکمرانی کرتے رہے۔ بد قسمتی سے سولہویں صدی کے بعد سرداروں میں اتحاد و یک جہتی نہ رہی۔ اس باعث علاقے میں کئی چھوٹی ریاستیں وجود میں آگئیں۔

صدیوں سے اس علاقے کی معیشت زراعت اور کاروبار پر مرکوز رہی ہے۔ یہاں کاشغر جیسے قصبے معروف سِلک روٹ کے مرکز ہیں۔ اس علاقہ پر متعدد خاندانوں کی حکومت رہی؛ بالآخر ۱۸۷۸ میں چینیوں کے کنٹرول میں آگیا۔ ژنگ جیانگ خاندان نے ۱۸۸۴ میں اس کا نام ژنگ جیانگ رکھ دیا۔ جس کے معنی ہیں: نیا صوبہ

بیسوی صدی کے آغاز میں کچھ عرصے کے لیے اوغروں نے خود کو آزاد قرار دیدیا تھا، لیکن کمیونسٹ چین نے ۱۹۴۹ میں اس علاقے کو مکمل طور پر اپنے قبضے میں لے لیا۔

سنکیانگ کا دارالحکومت "ارومچی" ہے، جو پہلے "ڈیہوا" کے نام سے جانا جاتا تھا، ایک بیان میں چینی حکومت کے ترجمان نے صحافیوں کو یہ حیران کن خبر دی کہ سنکیانگ میں "۲۴ ہزار" مساجد واقع ہیں۔ گویا ہر ۵۳۰ مسلمانوں کے لیے ایک مسجد ہے۔ یہ دنیا بھر میں فی کس کے لحاظ سے مساجد کی سب سے زیادہ تعداد ہے۔

۱۹۴۹ میں عوامی جمہوریہ چین کے قیام کے بعد بیجنگ میں کمیونسٹ حکومت نے اپنے بھرپور وسائل کے لئے اس خطے کا استحصال کرنا شروع کر دیا اور وہاں کی چینی آبادی کو بڑے پیمانے پر ژنگ جیانگ میں نقل مکانی کرنے کی سہولت فراہم کی۔ چین کی جبر کی

پالیسی کے تحت ایغور مسلمانوں کو امتیازی سلوک کا نشانہ بنایا گیا۔ برسوں کے شدید معاشی استحصال، معاشرتی امتیاز اور مذہبی اخلاق اور روایتی ڈھانچوں کی زبردست تباہی نے علیحدگی پسندی کے رجحانات کو فروغ دیا۔ جس کی وجہ سے ۱۹۸۰ سے ۱۹۸۷ کے درمیان ایغور مسلمانوں نے چین کے خلاف مظاہرے کئے۔ ان مظاہروں میں اس وقت شدت پیدا ہوئی جب سوویت یونین کا خاتمہ ہوا اور اسلامی قوتوں کو افغانستان میں اقتدار حاصل ہوا۔ ایغور مسلمانوں نے ۱۹۹۰ کے اوائل میں مشرقی ترکستان کی ریاست کے قیام کے لئے ایک زبردست احتجاجی تحریک شروع کی۔ ان ہنگاموں میں مسلمانوں کے جانی نقصان کے ساتھ ساتھ کچھ پولیس اہل کاروں کی ہلاکت بھی ہوئی، جس کے بعد چین نے ان مظاہروں کو بغاوت اور مذہبی سرگرمیوں کو روکنے کے لئے ظلم وستم کی راہ اختیار کی۔ ایغوروں پر بڑھتا ہوا دباؤ ۲۰۰۹ کی بغاوت کا سبب بنا، جس میں تقریباً ۴۰۰ سے زیادہ لوگ مارے گئے۔ ۱۹۸۹ میں تیان مین اسکوائر سانحہ کے بعد سب سے خونریز بدامنی دیکھنے میں آئی۔ جس کے نتیجے میں ۳۵۰۰ سے زیادہ ایغوروں کو گرفتار کیا گیا۔

چین کے مغربی صوبہ سنکیانگ میں انتظامیہ 'ہان' ذات کے چینی افراد پر مشتمل ہے اور مقامی اویغور برادری کے ساتھ ان کے تنازعے کی ایک طویل تاریخ ہے۔ اویغور مسلمان ثقافتی اور مذہبی لحاظ سے خود کو وسطی ایشیائی ممالک کے قریب سمجھتے ہیں۔ اس سے قبل، اپریل کے آغاز میں، سنکیانگ میں حکومت نے نام نہاد اسلامی شدت پسندوں کے خلاف مہم کے تحت اویغور مسلمانوں پر نئی پابندیاں عائد کی ہیں۔ ان میں 'غیر معمولی لمبی داڑھی اور عوامی جگہوں پر نقاب پہننے سے منع کرنا شامل ہے۔

سماجی کارکنوں کا کہنا ہے کہ مرکزی حکومت کی پالیسیوں نے آہستہ آہستہ کسانوں کی مذہبی، اقتصادی اور ثقافتی سرگرمیاں ختم کر دی ہیں۔ وہاں اقلیت مسلم کمیونٹی سے یہ

بھی کہا گیا ہے کہ وہ قران اور نماز میں استعمال ہونے والی دیگر اشیا کو حکومت کے دفاتر میں جمع کرائیں۔ بیجنگ حکومت پر یہ الزام ہے کہ اس نے ۱۹۹۰ میں سوویت یونین کے ٹوٹنے کے بعد سنکیانگ میں ہونے والے مظاہروں، اور ۲۰۰۸ میں بیجنگ اولمپکس سے پہلے مقامی لوگوں کے خلاف کاروائیاں تیز کر دیں۔ گزشتہ ایک دہائی کے دوران زیادہ تر اہم اویغور رہنماؤں کو جیلوں میں ڈال دیا گیا ہے۔ کچھ فی الحال جلاوطنی کی زندگی گذار رہے ہیں؛ جن میں دوحہ میں ہم سے ملنے والے یہ ایغور علماء بھی شامل ہیں۔

بیجنگ حکومت پر یہ بھی الزام ہے کہ اس علاقے میں اس کے اپنے مبینہ مظالم کو صحیح ٹھرانے کے لیے وہ اویغور علیحدگی پسندوں کے خطرے کو بڑھا چڑھا کر پیش کرتا ہے۔ سنکیانگ میں صنعتی اور توانائی کے منصوبوں میں بہت بڑی سرکاری سرمایہ کاری ہوئی ہے اور چین ان کو ہی اپنی بڑی کامیابیوں کے طور پر گنوانے کی کوشش کرتا ہے۔ لیکن بہت سے اوغروں کی شکایت کی ہے کہ ہان ان کی ملازمتوں پر قبضہ کر رہے ہیں اور ان کی زرعی زمینوں پر اصلاحات کے نام پر قبضہ کیا جا رہا ہے۔ متعدد ایغور دانشوران کا کہنا ہے کہ کہ وہ سنکیانگ کے بجائے اس علاقے کو "مشرقی ترکمانستان" کہنا پسند کرتے ہیں

اقوام متحدہ کے ہائی کمشنر برائے انسانی حقوق(OHCHR) کے دفتر نے گزشتہ سال طویل انتظار کی رپورٹ جاری کی جس میں چین کی جانب سے ایغور مسلمانوں کے ساتھ روا رکھے جانے والے سلوک پر روشنی ڈالی گئی۔ اس رپورٹ میں کہا گیا کہ سنکیانگ میں انسانی حقوق کی سنگین خلاف ورزیاں کی گئی ہیں، جہاں ۱۰ ملین ایغور آباد ہیں۔

اقوام متحدہ کے سبکدوش ہونے والی انسانی حقوق کی سربراہ مشیل بیچلیٹ چلی کی سابق صدر رہیں۔ ان کا کہنا ہے کہ چین کی جانب سے چین کے شمال مغربی علاقے سنکیانگ میں ایغوروں اور دیگر مسلمانوں کی "من مانی اور امتیازی حراست" "انسانیت کے خلاف

جرم" ہو سکتی ہے۔ یہ نسلی امتیاز کے خاتمے سے متعلق اقوام متحدہ کی کمیٹی (UNCERD) کی رپورٹ کے چار سال بعد سامنے آئی ہے کہ سنکیانگ میں ۱۰ لاکھ سے زیادہ ایغوروں کو حراستی مراکز کے نیٹ ورک میں رکھا گیا ہے۔

سنکیانگ میں بڑے پیمانے پر ظلم و ستم، امتیازی سلوک اور جبری قید کی گئی ہے۔ ایغوروں کے علاوہ، دیگر نسلی ہوئی (چینی مسلمان)، قازق، ازبک، تاجک، تاتار، تہور اور روسی بھی حراستی مراکز میں بند ہیں، جب کہ دنیا اس سلسلے میں بالکل خاموش ہے۔ حراستی کیمپوں میں انہیں مبینہ طور پر جبری مشقت، جبری نس بندی اور اپنی ثقافت اور مذہبی شناخت کی تباہی کے ساتھ ساتھ انسانی حقوق کی خلاف ورزیوں کا سامنا ہے۔ یہ واقعی ایک انسانی بحران ہے!

سنہ ۲۰۱۷ میں جاری ظلم و ستم کے دوران، اقوام متحدہ کے اندر بین الاقوامی تنظیموں نے چین پر انسانی حقوق کی خلاف ورزیوں کے الزامات کے سلسلے میں بہت کم کام کیا ہے۔ دلچسپ بات یہ ہے کہ سنکیانگ کا دارالحکومت ارومچی، جو پہلے ڈیہوا کے نام سے جانا جاتا تھا، دنیا کا سب سے جدید ترین نگرانی کا نظام رکھتا ہے۔ ہر شخص اتھارٹی کے ریڈار کے تحت ۲۴/۷ ایک ہائی ٹیک سی سی ٹی وی نیٹ ورک کے ساتھ آڈیو آلات کے ساتھ ہے تاکہ وہ گلی کے کونوں اور ہینگ آوٹ پر جو بات چیت کرتے ہیں اس کی جاسوسی کر سکے۔ اقوام متحدہ انسانی حقوق کمیشن نے کہا کہ سنکیانگ میں حکومت کی جانب سے "انسداد دہشت گردی اور انسداد 'انتہا پسندی' کی حکمت عملیوں" کے اطلاق کے تناظر میں "انسانی حقوق کی سنگین خلاف ورزیاں کی گئی ہیں"۔

۱۹ اکتوبر ۲۰۲۲ کو مغربی ممالک امریکہ، برطانیہ، فرانس، جرمنی اور دیگر نے اقوام متحدہ کی انسانی حقوق کونسل میں ایک قرارداد پیش کی جس میں چین کے خود مختار علاقے

سنکیانگ کے ایغور مسلمانوں پر ۲۰۱۷ سے کمیونسٹ حکومت کے ہاتھوں ڈھائے جانے والے ظلم وستم پر بحث کی تجویز پیش کی گئی۔ بد قسمتی سے، قرارداد کو ۴۷رکنی کونسل نے ووٹوں کے معمولی فرق سے مسترد کر دیا۔ اس تجویز کے حق میں ۱۷ اور خلاف میں ۱۹ ووٹ ملے جبکہ ۱۱ ارکان نے ووٹ نہیں دیا۔

اس تردید کی دنیا بھر میں مذمت کی گئی اور انسانی حقوق کے اداروں اور کارکنوں نے اسے انصاف کی دھوکہ دہی قرار دیا۔ ستم ظریفی یہ ہے کہ اس ووٹنگ سے صرف ایک ماہ قبل ہی اقوام متحدہ نے اپنی رپورٹ میں کہا تھا کہ چین کی جانب سے ایغوروں کو من مانی طور پر حراست میں رکھنا انسانیت کے خلاف جرائم کا درجہ رکھتا ہے۔ ایمنسٹی انٹرنیشنل نے کہا کہ انسانی حقوق کونسل کے فیصلے سے مجرموں کو تحفظ حاصل ہوا۔

واضح رہے کہ چینی حکومت نے تقریباً ۱۰ لاکھ ایغوروں کو حراستی کیمپوں میں رکھا ہوا ہے جسے چین پیشہ ورانہ مہارت کے تربیتی کیمپ کا نام دیتا ہے۔ ان کیمپوں میں اویغوروں کو تشدد کا نشانہ بنایا جاتا ہے اور انہیں اسلام ترک کرنے اور چین کی کمیونسٹ پارٹی سے وفاداری کا عہد کرنے، کمیونزم کو تسلیم کرنے اور مینڈارن سیکھنے پر مجبور کیا جاتا ہے۔ اویغور اپنے خلاف معاشی اور ثقافتی امتیازی سلوک سے پہلے ہی ناخوش تھے۔۔ ۲۰۱۴ کے بعد سے، چینی حکومت نے ایغوروں کے خلاف آمریت کے استعمال کی وکالت شروع کر دی۔ نقاب اور لمبی داڑھی پر پابندی کا قانون نافذ کیا گیا۔ چینی حکومت نے ایغوروں کو "مذہبی انتہا پسندی کے زہریلے پن" سے خبردار کیا۔ ان کے نزدیک مذہب محض عوامی افیون ہی نہیں بلکہ ایک زہریلا مادہ تھا۔

۲۰۱۷ میں، چینی حکومت نے واضح طور پر خود کو ایغوروں کے خلاف کریک ڈاؤن کے لیے تیار کیا۔ ژی جن پنگ کے بارے میں کہا جاتا ہے کہ انہوں نے خفیہ تقریروں

میں کہا تھا کہ ایغوروں کو ان کی اوقات دکھانے کی ضرورت ہے۔ چین کو چاہئے کہ وہ سنک یانگ اور تبت وغیرہ کے علاقوں میں مقامی لوگوں کی ثقافت، مذہب اور زبان کا تحفظ اور ترویج کرے۔ چین ایک کثیر القومیتی ملک ہے جہاں کئی قومیتیں بستی ہیں جنہیں زبردستی اپنی شناخت بدلنے پر مجبور نہیں کیا جاسکتا۔

سوویت یونین نے ستر سال لوگوں کے ذہنوں سے زبردستی مذہب نکالنے کی کوشش کی مگر ناکام رہا۔ چین بھی ایسا نہیں کر سکتا۔ انتہاپسندی، بنیاد پرستی اور دہشت گردی کے خاتمے کے لئے ان سب کو ایک لاٹھی سے نہیں ہانکا جاسکتا۔ ہر ایک کو اپنے عقیدے پر قائم رہنے کا حق ہے بشرطیہ کہ وہ اپنا عقیدہ دوسروں پر مسلط نہ کرے اور نہ ہی تشدد کا راستہ اپنائے۔ یہی راستہ بہتر ہے۔ چین میں ایغور مسلمانوں کے علاوہ ایک اور مسلمان طبقہ بھی بستا ہے جنہیں ہوئی کہا جاتا ہے۔ چین کی حکومت کو ہوئی مسلمانوں سے کوئی خاص مسئلہ نہیں، جنکی بہت سی وجوہات ہیں:

(۱) ہوئی مسلمانوں کی اپنی کوئی الگ زبان نہیں۔ یہ چینی زبان بولتے ہیں اور عام چینیوں سے زیادہ مختلف نہیں دکھتے۔

(۲) ان مسلمانوں نے ہمیشہ عام چینی شہریوں کیساتھ زندگی بسر کی ہے اور انکی کسی موقع پر بھی اپنی الگ ریاست نہیں رہی، اور نہ ہی انہوں نے کبھی الگ ریاست کا مطالبہ کیا ہے۔

(۳) دین کی سمجھ بوجھ کے معاملے میں عام ہوئی ایغور مسلمانوں سے بہت پیچھے ہیں۔ میں ایسے ہوئی مسلمانوں سے بھی ملا ہوں جنہیں سلام تک صحیح سے کہنا نہیں آتا اور قرآن پڑھنا تو بہت دور کی بات ہے۔ اس کے برعکس اویغور مسلمان اپنی الگ پہچان رکھتے ہیں، الگ زبان بولتے ہیں اور ایک دور میں اپنی الگ ریاست کے مالک رہ چکے ہیں۔

اکثر ایغور دین سے واقف ہیں اور بیشمار پریشانیوں کے باوجود دین پر عمل کرنے کی کوشش کرتے ہیں۔ فی الوقت سرکاری طور پہ چین میں ہوئی مسلمانوں کی تعداد ایک کروڑ پانچ لاکھ بتائی جاتی ہے۔ ایغور مسلمانوں کی آبادی ایک کروڑ سے کچھ زیادہ ہے۔ بقیہ مسلم گروہوں میں قازق ترک (پندرہ لاکھ)، ڈونگ زیانگ (ساڑھے چھ لاکھ)، کرغز ترک (دولاکھ) اور سالار (ڈیرھ لاکھ) نمایاں ہیں۔

غیر سرکاری ذرائع کا دعوی ہے کہ چین میں چھ تا آٹھ کروڑ کے مابین مسلمان بستے ہیں۔ ایغور اور ہوئی مسلمانوں کے مابین تاریخی طور پر سب سے بڑا اختلاف یہ رہا ہے کہ بہت سے ایغور جنوبی سنکیانگ میں آزاد وخود مختار حکومت قائم کرنے کے خواہش مند رہے ہیں۔ مگر ہوئی مسلمان مرکزی چینی حکومت کے ماتحت زندگی بسر کرنے کو ترجیح دیتے ہیں۔

خلاصہ یہ ہے کہ چین کے اویغور مسلمان اپنی شاندار تاریخ رکھنے والی، دینی غیرت وحمیت سے پُر اسلامی ثقافت تہذیب کے دلدادہ لوگ ہیں؛ انہیں چین کی لادین کمیونسٹ حکومت کے ظلم وجبر کا سامنا ہے، اور سیاسی اور ملی طور پر انہیں کرش کرنے کی کوشش کی جارہی ہے، لیکن صدہا آفریں کی مستحق ہے اویغور قوم جو اپنے ایمان وعقیدہ کو بچانے کے لیے ہر قسم کی جانی ومالی قربانیاں پیش کررہی ہے۔۔۔ اللہ تعالیٰ اویغور قوم کو ایمان وعقیدہ پر ثابت قدمی عطا فرمائے، انھیں دشمنوں پر غلبہ عطا فرمائے اور خیر کے مقاصد میں انہیں کامیابی عطا فرمائے آمین

***

علامہ محمد انور شاہ کشمیری اور عربی زبان وادب

مفتی محمد ثناء الہدیٰ قاسمی

حضرت علامہ محمد انور شاہ کشمیری کا نام آتے ہی ان کی علمی عبقریت وعظمت، احادیث پر ان کی خدمات، تحقیق کے میدان میں ان کی بے مثال مساعی اور ان کے غیر معمولی حافظہ کے احوال وواقعات پڑھ اور سن کر دل ودماغ سرنگوں ہو جاتے ہیں، اور احساس ہوتا ہے کہ دار العلوم دیوبند نے کیسی کیسی علمی شخصیات کو پیدا کیا اور انہوں نے کس قدر علمی، ملی، دینی کاموں میں جفاکشی کی اور کیسے کیسے گہر آبدار ہم پیچھے آنے والوں کے لیے چھوڑا، واقعہ یہ ہے کہ حضرت کشمیریؒ کی ذات اقدس اپنے وقت میں مرجع علماء تھیں اور اب ان کی کتابیں مرجع کے طور پر استعمال ہو رہی ہیں، صحیح اور سچی بات یہ ہے کہ ان کی شخصیت کثیر الجہات تھی اور ان کے علم وتحقیق کا دائرہ تفسیر، حدیث، فقہ، عقائد، تاریخ عربی ادب، لغت اور تصوف تک وسیع تھا، ہر صنف میں ان کی خدمات وقیع ہیں، اسی لیے پوری مسلم دنیا ان کی عظمت کے سامنے سر جھکاتی ہے۔

عربی زبان وادب میں بھی ان کی خدمات وقیع ہیں، ان کی اکثر بیشتر تصنیفات وتالیفات کی زبان عربی ہے، ان کی یہ خدمت حدیث کے مقابلہ دب سی گئی ہے اور سوانح

نگاروں کی توجہ اس طرف ذرا کم ہوئی، عربی میں مولانا یوسف بنوری کی عربی سوانح نفحۃ العنبر فی حیاۃ امام العصر الشیخ انور میں ان کی عربی زباندانی اور اس فن میں ان کی مہارت کا ذکر ذرا تفصیل سے آیا ہے، بقیہ مولانا عبد الرحمن کونڈو کی الانور، مولانا ازہر شاہ قیصر کی حیات انور، مولانا انظر شاہ صاحب کی نقش دوام اور بہت سارے مضامین و مقالات میں عربی ادب کے حوالہ سے ان کی خدمات کے ذکر سے محققین سرسری گذر گیے ہیں۔ اس سلسلے میں ایک اہم کتاب ڈاکٹر عبد المالک مظفر خان کی العلامہ انور شاہ کشمیری حیاتہ وشعرہ ہے جو بلا واسطہ اس موضوع سے متعلق ہے، مولانا محمد نافع عارفی کی یہ کتاب اردو میں مولانا کی عربی ادب کی خدمات کا تفصیلی، تحقیقی اور تجزیاتی مطالعہ ہے، جو تحقیق کے نئے زاویے اور عصری جہتوں کو سامنے رکھ کر لکھا گیا ہے۔ اور میرے مطالعہ کی حد تک اس موضوع پر پہلی کتاب ہے۔

ابو حمزہ محمد نافع عارفی بن حضرت مولانا محمد سعد اللہ صدیقی بن حضرت مولانا عبد الرحمن ہر سنگھ پوریؒ ایک علمی خانوادے کے چشم و چراغ ہیں، علم و صلاح ان کا خاندانی ورثہ ہے، تصوف کے حوالہ سے بھی اس خاندان کی بڑی خدمات رہی ہیں، مولانا نافع عارفی نے مدرسہ رحمانیہ سوپول، جامع العلوم مظفر پور، دار العلوم دیو بند اور المعہد العالی الاسلامی حیدر آباد سے علمی اکتساب کیا ہے اور تحقیق و فتاویٰ کے رموز سیکھے ہیں، پھر اس صلاحیت کو صیقل کرنے کے لیے مدرسہ عبد اللہ بن مسعود حیدر آباد، مدرسہ چشمہ فیض ململ، دار العلوم سبیل الفلاح جالے، معہد الولی الاسلامی ہر سنگھ پور میں پڑھایا بھی ہے، ان کی دس کتابیں اسلام کا نظام زراعت، کتابت وحی اور کاتبین، مذہبی رواداری اور اسوۂ نبوی، حیات عارف، الحدیقۃ العربیۃ (۲ حصے) نخبۃ دروس اللغۃ العربیۃ، الزھرۃ العربیۃ، عربی زبان وادب کی تاریخ، تسہیل القواعد اور زاہیۃ الادب، تصیف، تالیف، تحقیق اور

ترتیب کے طور پر سامنے آچکی ہیں، یا آنے والی ہیں، جس سے ان کی صلاحیت اور اردو عربی زبان میں تصنیفی قدرت کا پتہ چلتا ہے، بد قسمتی سے زیر تبصرہ کتاب کے علاوہ ان کی کوئی دوسری کتاب میری نظر سے نہیں گذری، قصور اپنی طلب اور نظر کا ہی ہے۔

تین سو چھ صفحات کی یہ کتاب اردو ڈائرکٹوریٹ محکمہ کابینہ سکریٹریٹ حکومت بہار کے جزوی مالی تعاون سے اشاعت پذیر ہوئی ہے، کمپوزنگ ابو نصر ہاشم ندوی اور ناشر کتب خانہ نعیمیہ دیوبند سہارن پور ہے، جب قیمت کتاب پر درج نہ ہو تو مفت ملنے کے امکانات بڑھ جاتے ہیں، ملنے کے چار عدد پتے درج ہیں، آپ حیدر آباد میں المعہد العالی الاسلامی، دربھنگہ میں معہد الولی الاسلامی ہرسنگھ پور، پھلواری شریف میں ابو الکلام ریسرچ فاؤنڈیشن اور دیوبند میں کتب خانہ نعیمیہ سے یہ کتاب حاصل کر سکتے ہیں، البتہ ان جگہوں سے لینے پر مفت ملنے کی ضمانت نہیں دی جا سکتی۔ کتاب کا انتساب دار العلوم دیوبند، والدین اور عاشقان جمال انور کے نام ہے جو مصنف کے عقیدت و تعلق کا مظہر ہے، کتاب کا پیش لفظ حضرت مولانا خالد سیف اللہ رحمانی، دامت برکاتہم نے لکھا ہے، مولانا انیس الرحمن قاسمی سابق ناظم امارت شرعیہ کی تقریظ اور مولانا ڈاکٹر شکیل احمد قاسمی کی کلمات تحسین ہے، ڈاکٹر شکیل احمد قاسمی کے نام کی پٹی فہرست میں

بعد میں چپکائی گئی ہے، اس سے لگتا ہے کہ یہ جگہ مولانا نسیم اختر شاہ قیصرؒ کے لیے مختص تھی، لیکن یا تو ان کی تحریر نہیں مل سکی، یا وہ لکھنے کے پہلے ہی راہیٔ آخرت ہو گیے، اس راز کا پتہ مولانا نافع عارفی کے مقدمہ سے چلتا ہے، جس میں انہوں نے اظہار تشکر میں مولانا نسیم اختر شاہ قیصر کے نام ذکر کیا ہے، اور ڈاکٹر شکیل قاسمی کا تذکرہ رہ گیا ہے، میں نے چشمہ اوپر نیچے کر کے بار بار فہرست اور کتاب میں ان کا نام اور ان کی تحریر تلاشنے کی کوشش کی، لیکن ناکام رہا، پھر ساری قلعی فہرست مضامین کی پٹی اور عنوان کی تبدیلی

"کلمات تحسین" نے کھول دیا، اگر مقدمہ سے اسے ہٹا دیا جاتا تو یہ تسامح نہیں ہوتا۔ بے اختیار علامہ اقبال کے دور قدیم کی ایک غزل کا ایک شعر یاد آگیا، جو داغ اسکول کی نمائندگی کرتا ہے۔

تمہارے "پیامی" نے سب راز کھولا
خطا اس میں بندے کی سرکار کیا تھی

کتاب کا پہلا باب دار العلوم دیوبند کی علمی خدمات کی تحقیق اور ابناء دار العلوم کی مختلف موضوعات واصناف پر ان کی تصنیفی فہرست پر مبنی ہے، اس میں تحقیق بھی ہے اور تاریخ بھی، یہ فہرست مختصر ہے، لیکن اجمالی واقفیت کے لیے مفید مطلب ہے، اس باب کو "عربی زبان وادب کی ترقی میں ابنائے دار العلوم کی کاوشیں" کا عنوان دیا گیا ہے، دوسرا باب، علامہ کشمیری کے احوال وآثار اور نسلوں کی تعلیم وتربیت سے متعلق ہے، اس میں ان کی تعلیمی وتدریسی زندگی کا بھرپور جائزہ لیا گیا ہے اور اس میں تحقیق کے جدید تقاضوں کو برتا گیا ہے، اس باب کا عنوان "علامہ انور شاہ کشمیری کی علمی زندگی کی داستان" ہے۔

تیسرے باب میں عربی زبان وادب کے حوالہ سے حضرت کشمیری کی زبان دانی، نثر نگاری اور شاعری پر تفصیلی بحث کی گئی ہے، ان کے اسلوب، محاسن اور ندرت پر بھی روشنی ڈالی گئی ہے، یہ اس کتاب کا تیسرا باب ہے، جس کا عنوان مصنف نے "عربی زبان وادب کے میدان میں علامہ کشمیری کے فتوحات" رکھا ہے، یہ باب صفحہ ۲۰۵ سے شروع ہوتا ہے اور ۲۱۶ پر ختم ہوتا ہے، اس باب میں علامہ کشمیری کے ادبی ذوق، شعر وسخن، مرثیے، اصلاحی اشعار آپ کی شاعری کی اہم خصوصیات اور محاکمہ کے طور پر شاعری میں علامہ کشمیری کے مقام کی تعیین کی کوشش کی گئی ہے، مصنف اس نتیجے پر پہونچے ہیں کہ: "اردو فارسی شاعری میں جو رتبہ میر وغالب کا ہے، عربی شاعری میں حضرت

کشمیری کو وہی مقام حاصل ہے، علامہ کی عربی نثر نگاری کا محاکمہ کرتے ہوئے مولانا نافع عارفی نے لکھا ہے " علوم شرعیہ میں انشاء پردازی کے جو جوہر دکھلائے ہیں وہ انہیں اپنے زمانہ کے ممتاز ادباء کی صف میں کھڑا کرتا ہے۔(صفحہ ۳۹۳)

۲۹۵ر سے ان شخصیات، کتابیات اور رسائل وجرائد کا ذکر ہے، جن کے حوالہ سے تحقیق کے دشوار گذار مراحل کو مصنف نے طے کیا ہے، جن شخصیات کا ذکر کتاب میں آیا ہے، اس پر قیمتی حاشیہ درج کرنے کا انتظام کیا ہے، جس میں انکی شخصی اور علمی احوال وکوائف کے ذکر نے اس کتاب کی اہمیت میں اضافہ کیا ہے۔

مولانا اس کتاب کی تصنیف پر علمی دنیا سے شکریہ کے مستحق ہیں، کتاب اس لائق ہے کہ اہل علم اس کا مطالعہ کریں اور لائبریری میں ماخذ ومرجع کے طور پر محفوظ کرلی جائے۔

***

وطن عزیز کی ترقی میں مسلمانوں کا کردار

ایک طائرانہ جائزہ

ڈاکٹر عبدالملک رسولپوری

دوران مطالعہ ہر اُبھیلے ذہن میں نئے نئے خیالات اور بحث و تحقیق کے لیے نئے نئے موضوعات ابھرتے اور جنم لیتے رہتے ہیں۔ ہمارا ابھی کچھ یہی حال ہے، کمپیوٹر میں ٹو بی ڈن نام کے فولڈر میں اس طرح کے موضوعات کا عظیم ذخیرہ موجود ہے، خاکے بنے ہوئے ہیں اور متعدد موضوعات پر کچھ خام مواد بھی جمع ہے۔ بس تصور سے تصدیق تک کا سفر درکار ہے اور اس سفر کے لیے ایک تحقیقی ادارے کی ضرورت ہے، جس کے سایے تلے اس خام مواد کو تحقیق کی بھٹی میں پگھلا کر ملک وملت کے لیے مفید چیز کو حیز وجود میں لایا جاسکے۔

دیوبند کے ایک پروگرام میں ہم نے اس طرح کے متعدد موضوعات پر مختصر روشنی بھی ڈالی تھی، انھیں میں سے ایک یہ بھی تھا کہ ہمیں اپنے وجود کے تحفظ کے لیے خود تاریخ سازی کا عمل انجام دینا ہوگا۔ یعنی ہمیں اپنے آباء واجداد کی قربانیوں کو تصوف کی کسر نفسی سے نکال کر ڈھول باجوں پر بتانا ہوگا تاکہ ملک کے تئیں ہماری قربانیوں کو بھی شمار کیا جاسکے اور ہماری آنے والی نسل کچھ نہ کرنے کی شاکی ہوکر مایوسی کا شکار نہ

ہونے پائے۔ درج بالا عنوان کو ہم نے "وطن عزیز کی ترقی میں ملکی مسلمانوں کا کردار" کے نام سے محفوظ کیا ہوا تھا۔ مختلف کتابوں سے کچھ مواد بھی جمع کیا تھا، ارادہ تھا کہ تفصیلی طور پر کوئی تحقیقی مقالہ تحریر کیا جائے گا؛ لیکن نو نقد نہ تیرا ادھار کے پیش نظر آج وہی مواد مختصر طور پر قارئین کی نذر کیا جارہا ہے۔

عہد وسطی کی تاریخ پر نظر ڈالیں گے تو بر صغیر کے اس جغرافیے میں ہندوستان نامی ملک کہیں بھی نظر نہیں آئے گا، مغلوں کی آمد سے قبل ماوراء سند کا یہ جغرافیہ مختلف رجواڑوں میں بٹا ہوا ممالک ہند کے نام سے جانا جاتا تھا، مغلوں نے آکر اسے ایک متحدہ بو قلمونی بنانے میں اہم کردار ادا کیا ہے۔ انھوں نے مختلف خطوں اور علاقوں کے ہندو مسلم راجاؤں کو اپنا باز گزار بنا کر ایک فیڈرل ہندوستان بنانے کی کوشش کی تھی؛ بعد میں ملک کی آزادی کے وقت سردار پٹیل نے ان ریاستوں اور رجواڑوں کو بھی ختم کر کے صوبوں کا نظام متعارف کرایا؛ اس طرح دیکھا جائے تو اس جغرافیہ کو متحدہ ملک بنانے میں یا تو مغل مسلمانوں کا کردار رہا ہے یا پھر سردار پٹیل کا۔

آزادی کی تحریک پر نظر ڈالی جائے تو یہ حقیقت روز روشن کی طرح عیاں ہو گی کہ آزادی کا اولین نعرہ اس خطے کے مسلمانوں ہی کے ذریعہ بلند ہوا تھا خواہ وہ ۱۷۵۷ ہو یا ۱۸۵۷، انھیں نے جہاد کا فتوی صادر کیا اور انگریز اور انگریز نواؤں سے دو دو ہاتھ کیے تھے۔ غیر مسلم طبقہ تو ۱۹۲۸ تک نہرو رپورٹ کے ذریعہ انگریزی کالونی بننے پر خوش اور ہمہ طور راضی نظر آرہا تھا، یہ تو مسلمان ہی تھے جنھوں نے مکمل آزادی کا نعرہ دیا اور ملک کی آزادی میں گراں قدر خدمات انجام دیں، اس سلسلے میں مولانا محمود حسن دیوبندی، مولانا ابو الکلام آزاد اور مولانا حسین احمد مدنی یا مولانا فضل حق خیر آبادی کوئی محض تین چار نام نہیں تھے؛ بلکہ رائے بریلی کے سید احمد شہید، ہر دوئی کے مولوی احمد اللہ شاہ، بجنور

کے عظیم محب وطن جنرل بخت خاں، بریلی کے خان بہادر خان، شاہ جہان پور کے شہید اشفاق اللہ خان، دہلی کے آصف علی اور حکیم اجمل خاں، موہان کے حسرت موہانی جیسی شخصیات کی ایک طویل فہرست ہے، جنھوں نے نہ صرف فرنگی قید وبند کی مشقتیں برداشت کیں؛ بلکہ آزادی کی راہ میں شہادت اور قربانیاں بھی پیش کی ہیں۔

مولانا ابراہیم فکری نے اس قید وبند کی طویل داستان کو اپنی کتاب "ہندوستانی مسلمانوں کا جنگ آزادی میں حصہ" میں رقم کیا ہے۔ روزنامہ الجمعیۃ میں بھی محبان وطن کے نام سے ایک مسلسل کالم نظر آتا ہے، جس میں پابند سلاسل رہنے والے مسلم محبان وطن کی مختصر معلومات پیش کی گئی ہیں۔

مابعد آزادی وطن عزیز کی ترقی اور فلاح وبہبود کا جائزہ لیا جائے تو ہندوستانی مسلمانوں کا کردار دیگر اقوام سے کم اہم نہیں نظر آتا ہے۔ مثلا اگر ملکی سرحدوں کی حفاظت اور دفاع پر نظر ڈالی جائے تو مسلمانوں کی ایک بڑی تعداد ایسی نظر آئے گی، جس نے دیگر اقوام کے شانہ بہ شانہ جان ہتھیلیوں پر رکھ کر ملک کے تحفظ میں اپنا عظیم کردار نبھایا ہے۔ جنرل وی کے سنگھ نے اپنی کتاب "لیڈرشپ ان انڈین آرمی" جس میں انھوں نے ہندوستانی فوج کے بارہ عظیم قائدین کا تذکرہ کیا ہے، میں پانچویں نمبر پر شیر نوشہرہ کے نام سے معروف اور اپنی خدمات کے اکرام میں مہاویر چکر سے سرفراز برگیڈیر محمد عثمان کا سنہرے لفظوں میں جامع خاکہ پیش کیا ہے اور بتایا ہے کہ ۱۹۴۷ کی ہندو پاک جنگ میں مسلم جنگجو محمد عثمان نے کس طرح جموں کشمیر کے خطے کو ہندوستان سے مربوط رکھنے میں اپنی خدمات پیش کیں اور دشمن فوجوں کو پسپائی پر مجبور کیا۔

اسی طرح پرم وششٹ سیوا میڈل حاصل کرنے والے آندھرا پردیش کے ائیر چیف مارشل ادریس حسن لطیف کی خدمات ہندوستانی مسلمانوں کا سر اونچا کرنے کے لیے

کافی ہیں۔ تقسیم وطن کے وقت ان کے کئی لیگی دوستوں نے ہم سایہ ملک چلنے کے لیے دباؤ ڈالا؛ لیکن مٹی سے جڑے رہنے والے ادریس حسن لطیف نے ہندوستانی فضائیہ سے غداری یا روگردانی گوارا نہیں کی، جب کہ ان کے وہ دوست ہم سایہ ملک میں چیف آف اسٹاف کے عہدوں تک پہنچ گئے؛ لیکن ہمارا یہ جنگجو عہدے کی پرواہ کیے بغیر ملکی خدمات میں اپنا فریضہ انجام دیتا رہا۔ بعد کے دور میں پرم ویر چکر سے سرفراز ویر عبد الحمید کی فوجی خدمات سنہرے حروف سے لکھی جاتی ہیں، جنھوں نے ۱۹۶۵ کی جنگ میں وطن کی حفاظت کرتے ہوئے سرحد پر اپنی جان کو قربان کر دیا تھا۔

اور سابق صدر جمہوریہ بھارت رتن محترم اے پی جے عبد الکلام کے دمکتے نام سے کون نا آشنا ہو گا، جن کو بھارت کا میزائل مین کہا جاتا ہے، آج وہی میزائل ہندوستان کی حفاظت کے لیے ہمالیائی کردار ادا کر رہا ہے۔ ایسا نہیں ہے کہ بس یہی دو چار نام ہوں، تحریر کے اختصار کے پیش نظر ان پر اکتفاء کیا گیا ہے ورنہ ہندوستانی فوج میں کبھی کو مسلمانوں کی اچھی خاصی تعداد ہوا کرتی تھی، جو ملکی مفادات میں ایمانی اخوت سے اوپر اٹھ کر ہم مذہب ملک دشمن طاقتوں سے برسرپیکار رہا کرتے تھے۔

موسیقی اور ہندوستان دو لازم وملزوم اشیاء سمجھی جاتی ہیں، اس میدان میں بھی ہندوستانی مسلمانوں نے گراں قدر خدمات انجام دی ہیں۔ معروف شہنائی نواز بھارت رتن استاد بسم اللہ خان سے کون ناواقف ہو گا، انھوں نے نہ صرف یوم آزادی کی اولین تقریب میں لال قلعہ کی فصیل سے شہنائی بجائی؛ بلکہ یوم جمہوریہ کی اولین تقریب میں بھی اپنی شہنائی سے لوگوں کے قلوب کو مسحور کیا تھا اور صرف استاد بسم اللہ ہی کیوں؛ فیض آباد کی بیگم اختر نے بھی فن موسیقی میں کمال کا مظاہرہ کر کے پدم بھوشن جیسے عظیم ایوارڈ کو حاصل کیا۔ گوالیار سے تعلق رکھنے والے پدم وبھوشن استاد امجد علی خان، مدھیہ

پردیش ہی کے پدم بھوشن استاد امیر خان، ممبئی کے پدم بھوشن استاد ذاکر حسین، بنگال کے پدم وبھوشن استاد علی اکبر خاں، پدم بھوشن استاد بڑے غلام علی خاں، پدم بھوشن استاد علاؤالدین خان سبھی نے اپنی پر کشش آوازوں، نغموں اور شہنائیوں سے گلستان ہند میں نغمگی بکھیری ہے اور دور حاضر میں پدم شری اللہ رکھا رحمن کی ساحرانہ نغمگی سے کس کے کان نا آشنا ہوں گے جنھوں نے حالیہ دنوں میں دہلی میں منعقد کیے جانے والے دولت مشترکہ کھیلوں میں اپنا نغمہ سنا کر مقابلوں کا آغاز کیا تھا۔

وطن عزیز کے تعلیمی زاویے پر نظر ڈالی جائے تو ملک کے اولین وزیر تعلیم مولانا ابو الکلام آزاد معلم ہند کے منصب پر فائز نظر آتے ہیں۔ ملک میں قائم پورے کے پورے تعلیمی ڈھانچے کے پیچھے انھیں کی سعی پیہم اور انتھک کاوشیں کارفرما ہیں، خواہ اسکولوں، کالجوں، یونیورسٹیوں اور یونیورسٹی گرانٹ کمیشن کا نظام ہو خواہ مختلف فنون کے انڈین انسٹی ٹیوٹ ہوں سب کے قیام کا سہرا مولانا آزاد ہی کے سر بندھتا ہے، اس کے بعد پرائیوٹ یونیورسٹیوں میں بھی مسلمانوں نے قابل تقلید کارنامے انجام دیے ہیں۔ وطن عزیز کے تعلیمی جغرافیے سے ذرا علی گڑھ مسلم یونیورسٹی کو نکال کر دیکھیں تو ملک کی شرح خواندگی کئی گنا نیچے چلی جائے گی، اس سے سر سید رحمہ اللہ کی خدمات اور خود ملک کی ترقی میں اے ایم یو کا کردار واضح طور پر سامنے آجائے گا۔

اسی طرح جامعہ ملیہ اسلامیہ کے تعلیمی کردار سے کون انکار کر سکتا ہے۔ پدم بھوشن حکیم عبدالحمید، جنھوں نے ملک کی ایک بڑی یونیورسٹی جامعہ ہمدرد کی بنیاد رکھی اور طب یونانی میں ہمدرد ٹرسٹ کو اتنی بلندی پر پہنچادیا کہ وہ دنیا کا سب سے بڑا یونانی ادارہ شمار کیا جاتا ہے۔ آج ہمدرد ٹرسٹ نہ صرف طبی میدان میں خدمات انجام دے رہا ہے بلکہ کئی اسکول اور کالجوں اور ہمدرد یونیورسٹی کے ذریعہ تعلیمی میدان میں بھی ملک کا نام روشن

کر رہا ہے۔ لکھنؤ کی انٹگرل یونیورسٹی، جودھ پور کی آزادی یونیورسٹی کے علاوہ جنوبی اور شمال مشرق کے ہندوستان میں بھی مسلمانوں نے متعدد یونیورسٹیاں قائم کر کے وطن عزیز کی نہ صرف شرح خواندگی میں اضافہ کیا ہے؛ بلکہ ان سے تعلیم حاصل کرنے والوں کی اقتصادی حالت میں اصلاح اور ملکی آمدن میں اضافے کا باعث بھی بنے ہیں۔

تعلیمی میدان میں ڈاکٹر اخلاق الرحمن قدوائی نے قابل فخر کارنامے انجام دیے، وہ نہ صرف مسلم یونیورسٹی کے وائس چانسلر رہے؛ بلکہ انھوں نے یونین پبلک سروس کمیشن کے چیئرمین کی حیثیت سے بھی گراں قدر خدمات انجام دیں اور انگریزی کے علاوہ ملک کی دیگر زبانوں میں کمیشن کے مقابلہ جاتی امتحانات منعقد کرا کے کمیشن کا صحیح معنوں میں بھارتی کرن کیا۔ اور صرف اے آر قدوائی ہی کیوں؛ انیس قدوائی، رفیع احمد قدوائی بلکہ بارہ بنکی کے پورے قدوائی خانوادے نے ملک کی ترقی میں امتیازی کردار ادا کیا ہے۔

وطن عزیز کو جن چند شخصیات نے تعلیمی عروج بخشا ہے ان میں سے ایک ماہر تعلیم بھارت رتن سابق صدر جمہوریہ ڈاکٹر ذاکر حسین بھی ہیں۔ ہندوستان کے تعلیمی افق پر ڈاکٹر صاحب کی خدمات ستاروں کے مانند چمک رہی ہیں۔ اسی طرح علاج دنداں کے باوا آدم پدم بھوشن ڈاکٹر رفیع الدین احمد کا نام بھی سنہرے حروف میں لکھا جاتا ہے۔ موصوف کو ہندوستان میں دانتوں کی سرجری کا قائد تصور کیا جاتا ہے، انھوں نے از خود پیش قدمی کر کے ۱۹۲۰ میں کلکتہ میں ملک کے اولین ڈینٹل کالج کی بناد ڈالی تھی۔ اسی طرح ماہر تعلیم کی حیثیت سے ایک اور نام بھی علمی آسمان پر ستارہ بن کر چمکتا ہے جسے ہم رفیق زکریا کے نام سے جانتے ہیں انھوں نے مولانا آزاد ایجوکیشنل ٹرسٹ کے بانی صدر کی حیثیت سے ملک میں تعلیمی بیداری اور اسکول قائم کرنے کی ایک طویل مہم چلائی۔

مشہور سیاستداں بیرسٹر اسدالدین اویسی کے والد محترم سلطان صلاح الدین اویسی

نے بھی تعلیمی میدان میں گراں قدر خدمات انجام دی ہیں، انھوں نے شہر حیدر آباد میں انجینئرنگ کالج، میڈیکل کالج اور کئی ڈگری کالج قایم کیے ہیں، جن شہریوں کو خوانداہ بنانے کی ذمہ داری حکومتوں کی تھی ان کو تعلیم یافتہ بنانے میں مہاراشٹر کے مولاناوستانوی ،کالی کٹ کے شیخ ابو بکر اور آسام کے مولانا بدالدین اجمل نے بھی کافی اہم اکردار ادا کیا ہے، درج بالا تینوں شخصیات نے اپنے اپنے خطوں میں متعدد کالجز اور دسیوں اسکول قائم کیے ہوئے ہیں۔ علمی دنیا کا ایک بڑانام کرنل بشیر حسین زیدی بھی ہے، جو ماہر سیاست داں، منتظم، ماہر تعلیم، تاجر اور عظیم صحافی تھے۔

طبی میدان میں عظیم خدمات انجام دینے والے علی گڑھ کے مشہور سائنس داں اور صنعت کار خواجہ عبد الحمید کا نام بھی جلی حروف میں لکھا جاتا ہے انھوں نے سپلا نامی دواساز کمپنی کی بنیاد رکھی اور دواسازی میں ہندوستان کو اس حد تک خود کفیل بنایا کہ انھیں ہندوستانی ادویہ کی صنعت کا اہم ستون تصور کیا جاتا ہے۔ اسی طرح یونانی ادویہ میں ہمدرد دواخانہ کی مصنوعات عالمی سطح پر مقبول و معروف مانی جاتی ہیں اور نہ صرف ہمدرد بلکہ چھوٹی بڑی سیکڑوں دواساز کمپنیاں ملک کے حفظان صحت میں اپنا کردار ادا کر رہی ہیں، کیا کوئی ہمالیہ ڈرکس کو بھی بھول سکتا ہے، جس کی مصنوعات نہ صرف باشندگان ہند کو صحت کی ضمانت دے رہی ہیں بلکہ انھیں یوروپی ممالک میں بھی نہایت مفید اور صحت بخش سمجھا جاتا ہے۔

فلم انڈسٹری کی بات کی جائے گی تو سر فہرست پونے کے ابراہیم حمدی القاضی کا نام آئے گا، جنھوں نے ۱۹۵۳ء میں شہر ممبئی میں اسکول آف ڈریمیٹک آرٹس قائم کیا اور بعد میں نیشنل اسکول آف ڈراما کے بانی ڈائریکٹر کے طور پر تھیئٹر پروڈکشن کو بلندی پر پہنچایا۔ اسی طرح پدم بھوشن اسماعیل نور محمد عبد الرحمان مرچنت کا نام بھی سنہرے

حروف میں لکھا جاتا ہے، جنھوں نے اپنی خدمات سے فلم انڈسٹری کو عروج بخشا۔ گجرات کے رمضان محبوب خاں، جنھوں نے چالیس کی دہائی میں عورت، بہن اور روٹی جیسی فلمیں بنائی اور ہندوستانی سنیمے کو اپنے پیروں پر کھڑے ہونے میں اپنا کردار ادا کیا اور انوکھی ادا اور انداز جیسی کامیاب فلمیں بنائیں اور ان کی مشہور فلم مدر انڈیا کو کون بھلا سکتا ہے، جس کو آسکر کے لیے بہترین غیر ملکی فلموں میں نامزد کیا گیا اور یہ اعزاز حاصل کرنے والی یہ پہلی ہندوستانی فلم تھی۔ اس مناسبت سے دیکھا جائے تو ہندستانی سنیما کو آسکر کے لیے متعارف کرانے کے سہرا انھیں بابا رمضان کے سر بندھتا ہے۔ بعد کے دور میں پدم بھوشن طیب مہتہ، دلیپ کمار اور عہد حاضر میں کنگ خان شاہ رخ خان، مسٹر پرفیکشنسٹ عامر خان اور ہیروؤں کا ہیرو سلمان خان جیسے خانوں کے ذریعہ ہی فلم انڈسٹری کی حیثیت عالمی سطح پر قائم اور باقی ہے۔

علمی دنیا میں تحقیق و جستجو میں مگن شخصیات کا تذکرہ کیا جاے تو راجستھان سے تعلق رکھنے والے ممبئی کے اصغر علی انجینر کا ذکر ضروری قرار پائے گا۔ انھوں نے اسلام، مسلمانوں کے مسائل اور مسلم خواتین اور آزاد ہندوستان میں فرقہ وارانہ تشدد پر تقریبا ۵۰ سے زیادہ کتابیں تصنیف کی ہیں اور حکومت ہند کے خود مختار ادارے نیشنل فاؤنڈیشن فار کمیونل ہارمنی کے اعلی ایوارڈ سے سرفراز کیے گئے ہیں۔

تاریخ کے میدان میں علی گڑھ مسلم یونیورسٹی کے عرفان حبیب اور جواہر لال نہرو یونیورسٹی کے امتیاز احمد جیسی ممتاز شخصیات نے نہایت گراں مایہ خدمات انجام دی ہیں۔

کتابوں کی دنیا میں وطن عزیز کے عالمی شہرے میں اپنے حصے کا کردار پٹنہ کے محترم خدا بخش نے بھی انجام دیا تھا، جنھون نے خدا بخش اورینٹیل پبلک لائبریری قائم کی

، جس کا آج ملک کی چند حوالہ جاتی بڑی لائبریریوں میں شمار ہوتا ہے۔ رام پور کی رضا لائبریری، ٹونک راجستھان کی لائبریری جسے مولانا ابوالکلام آزاد عربی فارسی ریسرچ انسٹی ٹیوٹ کے نام سے جانا جاتا ہے۔ حیدرآباد کا سالار جنگ میوزم اور آصفیہ لائبریری یہ سب کتابوں کے وہ عظیم ذخیرے ہیں، جنھیں قائم کرنے، سنوارنے اور ان کی معلومات کو عمومی افادے کے لیے عام کرنے میں مسلم اسکالرز کا عظیم کردار ہے۔ اور بیرونی دنیا سے آنے والا کوئی بھی ریسرچر اور محقق ملک کی ان عظیم لائبریریوں سے استفادہ اپنی سعادت سمجھتا ہے۔

کھیل کے میدانوں میں بھی وطن عزیز کے مسلمانوں نے ملک کا نام روشن کیا ہے؛ چناں چہ بیڈمنٹن کی دنیا میں آٹھ بار کے بیڈمینٹن چمپئن ارجن ایوارڈ سے سرفراز سید مودی کا نام چاند کی مانند روشن ہے۔ موصوف کا تعلق گورکھپور سے تھا۔ انھوں نے دولت مشترکہ کھیلوں میں انگلینڈ کو شکست دے کر ملک کے لیے طلائی تمغہ حاصل کیا تھا۔ دہلی میں منعقد ایشائی کھیلوں میں کانسے کا تمغہ جیتا تھا اور بعد میں آسٹریائی اوپن جیت کر ملک کا نام روشن کیا تھا۔

اسی طرح فٹ بال کے میدان میں حیدرآباد سے تعلق رکھنے والے ارجن ایوارڈ یافتہ سید رحیم الدین نے بھی وطن عزیز کے لیے گراں قدر خدمات انجام دیں اور ملک کا نام روشن کیا ہے۔ وہ ایک عظیم فٹ بالر اور کوچ تھے۔ پہلوانی میں رستم ہند کے نام سے مشہور گاما پہلوان سے کون ناواقف ہے خواہ ان کا اصلی نام نہ جانتا ہو لیکن گاما پہلوان سے تو ہر ہندوستانی واقف ہے۔ ان کا اصلی نام غلام محمد بخش ہے۔ موصوف نے انگلینڈ اور پولینڈ میں کئی بار کشتیاں جیت کر وطن عزیز کا نام روشن کیا۔ کرکٹ کے مشہور کھلاڑی پدم شری محمد اظہر الدین کو کیسے بھلایا جاسکتا ہے انھوں نے متعدد بار اپنے کھیل سے وطن عزیز کا نام

روشن کیا اور صرف وہی کیا ان سے پہلے افتخار علی خاں پٹودی، غلام احمد علی اور منصور علی خاں پٹودی جیسے عظیم کھلاڑیوں نے بھی ہندوستانی ٹیم کی قیادت اور متعدد بار وطن عزیز کا نام روشن کیا۔ کرکٹ کی دنیا میں تو ایک وقت ایسا بھی آیا ہے کہ گیارہ کھلاڑیوں میں سے چار کھلاڑی مسلم ہوا کرتے تھے۔ حالیہ دور میں کھیلوں کی دنیا میں وطن عزیز کا نام روشن کرنے والے چند تابناک چہروں میں سے ایک حیدرآباد کی مشہور ٹینس اسٹار پدم شری ثانیہ مرزا بھی ہیں، جنھوں نے وطن عزیز میں ٹینس کھیل کو ایک نئی شناخت دی اور بین الاقوامی سطح پر ملک کے لیے کئی بار نام کمایا۔

عدلیہ کو دیکھا جائے تو وطن عزیز کے سپریم کورٹ کی پہلی خاتون جج کا سہرا بھی کیرل کی ایک مسلم خاتون ایم فاطمہ بیوی کے سر بندھتا ہے؛ جو ملک ہی نہیں بلکہ دنیا کے کسی بھی عدالت عظمی میں جج بننے والی پہلی مسلم خاتون تھیں۔ بدر الدین طیب جی جنھوں نے انگریزی دور میں ممبئی ہائی کورٹ کے چیف جسٹس کی حیثیت سے خدمات انجام دیں اور بعد میں گاندھی جی کے ساتھ متعدد ستیہ گرہوں میں حصہ لیا۔ بیوروکریسی اور سفارت کاری میں نائب صدر جمہوریہ حامد انصاری، مرحوم سید حامد، مرحوم سید شہاب الدین، علی یاور جنگ اور تلمیذ احمد جیسے نہ جانے کتنے مسلمانوں نے ہندوستان کی ترجمانی اور ملک کے لیے اپنی بے بہا خدمات پیش کیں۔

صحافت میں مڈ ڈے پبلی کیشن گروپ کے چیئرمین خالد عبد الحمید انصاری کا نام بھی ملک وملت کے عظیم خدمات انجام دینے والوں میں شمار کیا جاتا ہے انھیں کے والد بزرگوار نے ۱۹۳۸ میں ممبئی میں روزنامہ انقلاب کی اشاعت شروع کی تھی۔ میدان صحافت کا ایک بڑا نام پدم شری فاطمہ زکریا بھی ہے۔ یہ ماہر تعلیم رفیق زکریا کی اہلیہ تھیں انھوں نے انگریزی صحافت میں کافی نام کمایا۔

صنعت کاری میں پدم بھوشن عظیم ہاشم پریم جی کو ہندوستان کا ٹیک کنگ شمار کیا جاتا ہے۔ ٹکنالوجی میں ہندوستان کی عالمی شناخت بنانے میں عظیم پریم جی اور ان کی کمپنی وپرو لمٹیڈ کا عظیم کردار ہے۔

پینٹنگ کی دنیا کے بے تاج بادشاہ پدم وبھوشن مقبول فدا حسین بھی ایسے ہندوستانی مسلمان تھے، جنھوں نے وطن عزیز کا نام کرہ ارضی کے ہر چہار جانب روشن کیا ہے۔ حسن وزیبائش کی دنیا میں پدم شری شہناز حسین کا نام جلی حروف میں لکھا ہوا ہے۔ امریکہ کے سکسیس گروپ نے موصوفہ کو دنیا کی عظیم ترین خاتون صنعت کار ایوارڈ دیا ہوا ہے۔ ادارے کی صد سالہ تاریخ میں یہ ایوارڈ حاصل کرنے والی وہ پہلی خاتون ہیں۔

سائنسی میدان میں بھی وطن عزیز کے مسلمانوں نے اپنی گراں قدر خدمات پیش کی ہیں، میزائل مین کا ذکر اوپر گزر چکا ہے یہاں یہ جان لیا جائے کہ الہ آباد سے تعلق رکھنے والے پدم بھوشن سید ظہور قاسم کو ملک میں صف اول کے سائنسدانوں میں شمار کیا جاتا ہے، انھوں نے ہی بحری جغرافیے سے متعلق تحقیق کی بنیاد رکھی اور ملک کو مضبوط بنانے میں اپنا کردار نبھایا۔

یہ وہ چند اشخاص اور چند موضوعات ہیں جن کے ذکر سے اس حقیقت کی طرف اشارہ کرنا مقصود ہے کہ وطن عزیز کی ترقی اور فلاح وبہبود میں ملک کے مسلمانوں نے کبھی بھی کام چوری کا مظاہر نہیں کیا ہے، انھوں نے حسب وسعت ہر میدان میں اپنے حصہ کے کارنامے انجام دیے ہیں اور مسلمانوں کی نوجوان نسل میں آج بھی وہی جذبہ اور حوصلہ برقرار ہے، وطن عزیز کے لیے ہر ممکن قربانی دینے سے یہ قوم کبھی بھی پسپائی اختیار کرنے والی نہیں، بس فرقہ واریت کا کھیل کھیلنے والی حکومتوں نے ان نوجوانوں کو مواقع فراہم کرنا ہی بند کر دیے، جس کی وجہ سے جذبات، حوصلے اور صلاحتیں خود اپنے

ذہنوں اور سینوں میں ہی مرتی جارہی ہیں۔

ایسے میں ضرورت ہے کہ ملی تنظیمیں اٹھیں اور ایک بار پھر قومی خدمات کا جائزہ لیں اور مسلمانوں کے ذریعہ انجام دیے جانے والے لائق ستائش اہم کاموں کو اجاگر کریں تاکہ برادران وطن کے ساتھ آنے والی نئی نسل کو بھی پتہ چلے کہ اس گلستان کی سیرابی میں مسلم قوم کا بھی گراں مایہ کردار ہے؛ اس کے لیے ضروری ہے کہ ارجن ایوارڈ، پدم شری، پدم بھوشن اور پدم وبھوشن جیسے ہر میدان میں صدارتی ایوارڈ یافتہ افراد کے سوانحی خاکے مرتب کیے جائیں اور اسکولوں میں ان شخصیات پر اوپن لکچرز ہوں۔ اسی طرح ملک کے طول و عرض میں قائم شدہ جیلوں کے دستاویزات سے مسلم محبان وطن کی ایک جامع دستاویز تیار کروائیں کہ کن کن مسلمانوں کو کب کب فرنگی زندانوں میں قید کیا گیا اور انھیں کس کس طرح کی مشقتیں دی گئی تھیں۔

اسی طرح ملک کو صنعتی لحاظ سے مضبوط کرنے میں اپنا کردار ادا کرنے والی علی گڑھ کی تالا چابی، مرادآباد کی پیتل مصنوعات، رام پور کی قینچی، بھدوہی کی قالینیں، بنارس اور مبارک پور کی ساڑیوں جیسی بہت سے صنعتوں کا جائزہ لے کر ان کی اہمیت کو اجاگر کیا جائے۔ لیکن مشاہدے کی آنکھ یہ کہتی ہے کہ ملی تنظیموں کی ترجیحات مسلم قوم کی ترقی کے سوا اور کچھ ہے، فاللہ المستعان وعلیہ التکلان۔

***

منتخب تحقیقی و تنقیدی مضامین کا ایک اور مجموعہ

تنقیدی زاویے

(حصہ اول)

مرتبہ : غالب شمس قاسمی

بین الاقوامی ایڈیشن جلد منظر عام پر آرہا ہے